The Cross-Border E-Commerce

跨境电商客服

阿里巴巴速卖通宝典

速卖通大学 编著

电子工业出版社
Publishing House of Electronics Industry
北京·BEIJING

内 容 简 介

　　《跨境电商客服》是由阿里巴巴速卖通大学的几位资深讲师结合实践完成的一本跨境 B2C 力作。"阿里巴巴速卖通宝典"系列已出版的图书有：《跨境电商物流》《跨境电商客服》《跨境电商美工》《跨境电商营销》《跨境电商数据化管理》和《跨境电商——阿里巴巴速卖通宝典（第2版）》。已有近 20 万名跨境电商从业者选择阅读本套丛书，各类跨境电商培训机构和院校的学员也将本套丛书作为提升理论水平与实践能力的参考用书。

　　跨境电子商务经过多年的发展，我们的卖家在各方面都有了长足的进步，并逐渐走向成熟。但多年来，由于语言的隔阂、文化的差异，在客服团队的建设与企业的培训中，跨境电商行业一直缺乏一套让人信服的、可复制的"跨境电商客服解决方案"。客服工作人员的培养与岗位素质的提升，仍然以"师徒式的言传身教"为主。本书的作者们首次尝试从繁复的跨境电商客服工作中提炼出一套相对完整的、具有逻辑性的客服工作理论。通过改进客服工作的整体思路、优化客服的工作方法，帮助广大跨境电商经营者为提高客服工作水平寻找一个可参考的路径，这就是本书的主旨。

　　本书适合从事跨境电商客服工作的人员或管理者使用，也可作为对电商感兴趣的爱好者的参考书。

图书在版编目（CIP）数据

跨境电商客服：阿里巴巴速卖通宝典 / 速卖通大学编著. —北京：电子工业出版社，2016.1
ISBN 978-7-121-27620-0

Ⅰ. ①跨… Ⅱ. ①速… Ⅲ. ①电子商务－商业服务Ⅳ. ①F713.36

中国版本图书馆 CIP 数据核字(2015)第 281560 号

策划编辑：张彦红
责任编辑：李利健
印　　刷：北京捷迅佳彩印刷有限公司
装　　订：北京捷迅佳彩印刷有限公司
出版发行：电子工业出版社
　　　　　北京市海淀区万寿路 173 信箱　邮编：100036
开　　本：720×1000　1/16　印张：16.25　字数：289 千字
版　　次：2016 年 1 月第 1 版
印　　次：2021 年 8 月第 11 次印刷
定　　价：55.00 元

　　凡所购买电子工业出版社图书有缺损问题，请向购买书店调换。若书店售缺，请与本社发行部联系，联系及邮购电话：(010) 88254888，88258888。

　　质量投诉请发邮件至 zlts@phei.com.cn，盗版侵权举报请发邮件至 dbqq@phei.com.cn。

　　本书咨询联系方式：010-51260888-819，faq@phei.com.cn。

序言一

阿里巴巴旗下的全球速卖通平台原本只是阿里巴巴 B2B 业务中的一个项目。因为洞察到外贸订单碎片化的趋势，速卖通业务负责人沈涤凡和核心团队在过去五年卧薪尝胆，披荆斩棘，硬是趟出一条跨境电商零售之路。

有时我会觉得不可思议，难道就是这样一群普通得不能再普通的小二，帮助中国数以万计的商家把上亿种商品行销海外，服务了全球超过 220 个国家和地区的消费者吗？

之前速卖通低调得令国人甚至阿里的同事都感觉陌生，直到在刚刚结束的 2015 年全球化"双十一"活动中大放异彩，单日创造 2124 万笔订单，才让坚定地跟了我们很多年的中国卖家幸福得泪流满面。

要感谢过去五年无数"中国制造"工厂、中小外贸公司以及个人卖家的不离不弃，陪伴速卖通平台一起成长壮大，共同探索跨境电商的技巧和心得。作为平台，我们除了帮助卖家获取到全球优质的流量、配以完善的跨境支付和物流解决方案外，最重要的任务是向商家学习，把优秀商家的心得和我们探索的经验充分与大家分享！

跨境电子商务领域的全球竞争已经开始，而中国将首次因为拥有世界上最大的电子商务市场而重新制定电商 WTO 新秩序。这对一直在寻找转型方向的中国制造、想要全球化和国际化的本土企业，以及渴望价廉物美的中国商品的全球消费者来说，都是一种希望。

让天下没有难做的跨境生意！

阿里巴巴集团跨境 B2C 事业部总经理　逸方

序言二

2014 年 4 月底，江南渐入初夏的日子，我来到绥芬河，在这个湖面依然冰封的边陲小城举行了客户见面会。当地卖家的热情之高让我惊讶。与其中一位客户随意交谈，他告诉我，之前从事传统边贸十余年，也做过淘宝，而现在毅然转型速卖通的原因，一是在国外社交网站上看到越来越多的老外在晒单，夸耀在速卖通上买到的物美价廉的商品；二是看到物流公司的速卖通业务突飞猛进。"这两件事情假不了！"他非常肯定地说。

电子商务在中国虽然只有短短十余年的历史，但已经经历了 B2B 和 C2C 两次创业浪潮：第一次让许多外贸公司、外贸工厂如虎添翼；第二次，淘江湖应运而生，淘宝、天猫成为网购的代名词；而现在，跨境 B2C 来了。

速卖通平台能够让卖家直接面对全球终端客户，这条短得不能再短的商业链造成了多赢的局面，因而业务呈现爆发式的增长。而大量卖家经历过 B2B、C2C 的历练和准备后，如上面那位绥芬河的卖家一样，有勇气和能力直面全球 220 多个国家和地区的消费者。

因语言、地域、气候、国家政策、文化、消费习惯等因素的不同，跨境电商从一开始，就对卖家提出了较高的要求，在基础操作、规则、选品、物流、营销、数据分析、视觉美工、客服、支付等电商课题上，需要有不同于国内电商业务的视野和思考。

作为直接负责卖家成长和培训的部门，速卖通大学从创立开始，就秉持"助人为快乐之本"的信念，面对市场日益急迫和汹涌的学习需求，在线上及线下，借助速卖通大学讲师团及全国合作机构、商会、院校的力量，帮助速卖通卖家提升和进步！

本书的编撰工作集结了速卖通大学最优秀的师资力量，他们以极端负责的精神，投入了大量的时间和精力，没有这些老师的努力，就不会有本书的出版！在此致以衷心感谢！

由于电子商务时时刻刻都在高速进化，永远是 Beta 版，本书的内容只对应截稿日的页面、规则、数据和经验之谈。另外，由于作者水平有限，时间仓促，难免有不足之处，请各位同行及读者不吝提出宝贵意见和建议。

最后，愿本书能帮助所有从事跨境电商的朋友取得更好的业绩！

速卖通大学　横刀

序言三

    "跨境电商"是近年来在各渠道媒体上频繁曝光的一个行业名词。自 2014 年起，也即媒体人口中的"跨境电商元年"开始，该行业备受瞩目，许多致力于传统企业转型的公司老板以及大量有志于创业的年轻人更是对其趋之若鹜。

    行内盛传，中国外贸人对跨境零售电商的尝试始于 2006 年前后。广东地区最早一批电子产品、3C 配件的经销商，将产品投放到国外电商平台网站，成为最早一批尝试跨境零售电商的探路者。

    当然，早期的跨境电商，无论是在产品种类、营销模式，还是客户服务的水平等方面都有很多缺陷。随着时间的推移与行业的发展，中国跨境电商人也在不断进步，最明显体现在以下三方面：

- 产品种类在横向上日益多样化，纵向上也分化出多种层次，以满足不同细分市场的需求；
- 国人在商业上的聪明才智充分体现在跨境电商领域，多种多样的营销模式、促销手段的不断进化，逐步形成一套完整的方法论；
- 顺应跨境电商发展的需求，国内物流行业也在飞速发展，各种针对不同国家市场、不同产品而优化设计的物流解决方案层出不穷，为中国跨境电商人提供了极大的便利与优势。

这些都使中国卖家日渐成为全球跨境电商领域中最活跃、最富有生命力的一个群体。行业得到了飞速发展，并逐步吸引了全社会的关注，调动了新老卖家极大的参与热情。

但我们也看到，在跨境电商相关方面不断进步的环境下，由于语言的隔阂与文化的差异，中国跨境电商人的客户服务水平一直与国外（特别是欧美国家）同行存在一定差距。在客服团队的建设与企业的培训中，一直没有一套让人信服的、可复制的"跨境电商客服解决方案"。客服工作人员的培养与岗位素质的提升仍然以"师徒式"的言传身教为主。

有趣的现象是：在一个规则完整的跨境电商团队中，我们发现，客服岗位往往是最默默无闻的一群人。他们每天的工作大都集中在电脑前，由于处理的邮件与信息的数量较大、工作繁重，他们往往从上班到下班都极少与其他同事沟通。这与业务、采购等岗位的工作状态形成鲜明对比。鲁迅先生有句名言"于无声处听惊雷"能生动地描述跨境电商客服的价值：正是在这个默默无闻的岗位上，我们的跨境电商经营者可以从其中挖掘巨大的潜力。无论是在成本的控制上，还是在潜在订单的挖掘上，甚至在整个团队的运营管理上，客服岗位都应当起到应有的作用。

通过改进客服工作的整体思路、优化客服的工作方法，进而发掘客服工作对推进跨境电商业务的巨大潜力，正是本书的主旨。

区别于之前大部分讨论跨境电商客服工作的图书，本书的特点可以归结为如下几点：

- 身为跨境电商第一线的经营者与速卖通大学的讲师，我们的作者首次尝试从烦琐的日常客服工作中提炼出一套相对完整的、具有逻辑性的跨境电商客服理论。帮助读者从传统的"言传身教"式的客服人员培训方式中走出来，理出相对清晰的客服工作与管理思路；
- 针对近年来跨境电商市场日趋多样化，许多非英语语系国家的新兴市场崛起，本书首次在英文客服模板的基础上，增加了俄罗斯语、西班牙语的客服模板，并将相关模板文件存储到固定的网络空间，方便读者下载使用；
- 在本书成书前，为了理清广大卖家的需求，我们与众多新老卖家进行了沟通。在这个过程中我们发现，即使是许多经验丰富的大中型卖家，在"客服团队的建设与管理"与"客户关系的精细化维护"这两个问题上仍然有很多困惑，暂时没有可参考的成熟方案。本书的第三个特点就是邀请了具有丰富团队管理经验的速卖通大学讲师专门研究撰写了关于"跨境电商客服团队建设、管理"与"客户关系管理"的全新章节。试图为这两个在以前的图书中较少系统探讨的问题提供相对完整的一套参考方法。

速卖通大学众多优秀的讲师参与了本书的撰写，他们是：郑雅乾老师，负责第1章、第3章和第9章；欧阳莲英老师，负责第2章与第7章；卢传胜老师，负责第4章与第7章中的案例点评部分；蔡齐雄老师，负责第5章；周玉平老师，负责第6章；吕鹏老师，负责第8章；邓鸳莺老师，负责第10章。在本书的撰写过程中，我们得到了来自速卖通大学的横刀老师、澈影老师、张何文老师、修鱼老师的大力支持与指导；在专业知识与平台政策上，我们也得到了速卖通众多小二的无私帮助，他们是：速卖通纠纷团队的阔江月老师、姚莹莹老师、王凡老师、于溪老师、丁滔涛老师、岑文文老师、王苏敏老师，以及速卖通网规团队的王琴老师、陆媛昕老师；速卖通体验变革团队的陈淑丽老师。

本书的作者群体抱着极大的热忱与交流学习的心态，做出了一系列有益的探讨。虽然由于作者经验有限，难免存在不足之处，但"引玉之砖，一得之见"也自有其意义，如能引起广大卖家对跨境电商客服工作更多的思考，从这一工作中挖掘出更大的价值，那么也就实现了本书的写作初衷。

预祝各位读者与卖家在跨境电商这条路上走得更好！

速卖通大学讲师团　郑雅乾

注：为方便读者使用，本书第8章的英文客服模板、第9章的俄语和西班牙客服模板可在网址 http://www.broadview.com.cn/27620 处下载。

目录

第 1 章

跨境电商客服的工作范畴与目标

本章要点：

- 跨境电商客服的工作范畴
- 跨境电商客服的工作目标

订单小单化、碎片化，以及订单数量增长迅速，是目前跨境电商的两大特点。由于本行业的客户服务工作所面临的环节多、情况复杂，涉及多种跨境运输渠道，以及不同国别在语言、文化、产品标规上的各种差异。非专业化的客服工作方式已经不能适应行业的发展与客户的需求。

因此，本章的主旨就是从梳理跨境电商客服工作的基础——"客服工作范畴与目标"入手，来明确跨境电商客服人员"要做什么"和"达到什么目标"这两个基本的问题。进而为本书之后的章节探讨客服工作如何组织、开展、落地等内容进行铺垫。相信无论是对个人经营者，还是企业团队的管理人员，明确这两点将是提高跨境电商客服工作水平必走的第一步。

1.1 客服的工作范畴

明确跨境电商客服的工作范畴是研究这一工作的出发点。本节将从四方面来回答"客服需要做什么"这一看似简单，却又至关重要的问题。

1.1.1 解答客户咨询——Consulting

1. 解答客户咨询的职能

跨境零售电商的商业本质是"零售业"的分支，而基于零售行业的特点，客户必然会对卖家提出大量关于"产品"和"服务"的咨询。所以客服人员解答咨询的工作主要分以下两大类。

（1）解答关于产品的咨询

纵观目前中国卖家的跨境电商行业，我们的产品有如下特点。

1）产品种类庞杂，从早期的3C、玩具，到后期卖家集中发力的服装、配饰、家居、运动等，涉及的行业不断丰富，基本已经覆盖国内外所有常见的日用消费品。

2）不同于国内电商中单个店铺往往只销售一到两个专业品类的特点，跨境电商中，由于国外客户对"店铺"的概念非常薄弱（早期建立的国外电商平台大都没有"店铺"的概念，而只有松散的"产品链接"，如美国亚马逊），因此，即使对同一个卖家而言，他同时兼营的产品也经常涉及多个行业、不同种类。这就使得客服的工作变得更加复杂。

　　3）产品规格上存在巨大的国内外差异。比如，令许多卖家头疼的服装尺码问题，欧洲尺码标准、美国尺码标准与国内产品总是存在差异；又如，电器设备的标规问题，欧洲、日本、美国电器产品的电压都与国内标规不同，即使是诸如电源插头这样一个小问题，各国也都有巨大的差异，中国卖家卖出的电器能适用于澳大利亚的电源插座，但是到了英国可能就完全不能用了。

　　以上这些问题都增加了客服人员在解决客户关于产品的咨询时所面临的难度。而我们的客服人员第一重要的工作任务就是在当客户提出任何关于产品的问题时，无论多么复杂，都要为客户做出完整的解答，提出可行的解决方案。这对广大中国卖家来讲，不能不说是一个不小的挑战。

（2）解答关于服务的咨询

　　跨境电商行业的另一个特点在于服务实现的复杂性。当面临运输方式、海关申报清关、运输时间以及产品安全性等问题时，跨境电商往往比国内电商需要处理的情况更复杂。而当产品到达国外客户手中后，产品在使用中遇到的问题需要我们的客服人员具备更好的售后服务技巧，才有可能调用尽量低的售后成本为我们的国外客户妥善地解决问题。

2．客服提供咨询所需技能

　　为了能够完美地解决以上两种常见客户的咨询，我们的客服人员需要具备如下技能与素质。

（1）对所经营的行业与产品有充分而深入的了解

　　正如之前提到的，在面对国内外服装尺码有巨大差异的情况下，如何帮助我们的客户挑选适合她身材或体型的产品；或者在面对国内外电器类产品在电压、电流、插头等各项技术指标不同的情况下，如何挑选客户能够正常使用的电器产品，这都对我们的客服人员提出了要求。

（2）对跨境电商整个行业的各个流程都要透彻地掌握

　　包括产品开发、物流方式、各国的海关清关政策等各步骤如何实现、如何运作，我们的客服人员都需要有基本的了解。只有在客服人员对行业熟悉的情况下，当客户提出问题时，客服人员才有可能及时有效地解答客户的疑惑，促成客户下单。

1.1.2 解决售后问题——Trouble Shooting

1. 客服解决问题的职能

跨境电商行业有一个非常有趣的特点，即：在正常情况下，客户下单之前很少与卖家进行沟通，这就是行内经常提到的"静默下单"。卖家首先要做的事情是在产品的描述页面上使用图片、视频、文字等各种方式充分而透彻地说明正在销售产品的特点，以及所能够提供的售前、售后服务的所有内容。一旦这些内容落实到产品页面上，就成为卖家做出的不可改变、不可撤销的承诺。

在大家所熟悉的国内电商行业中，绝大部分客户在下单前都需要与客服人员就"是否有库存"、"可否提供折扣或赠品"等内容进行多次沟通。而在跨境电商行业中，客户往往在下单前不与我们的客服人员进行任何形式的联系。客户静默下单，即时付款，对卖家来讲，这不得不说是减少了工作量。

另一方面，在跨境电商行业中，当客户联系我们的卖家时，往往是我们的客户发现产品或者物流运输，或者其他服务方面出现了非常大的问题。而这些问题是客户依靠自己的力量无法解决的。这就导致一个比较让人头疼的情况：在跨境电商中，绝大部分情况下，当客户联系我们的客服人员时都是涉及某一方面的投诉。

经过一段时间的统计我们发现，许多跨境电商卖家每天收到的邮件中有将近七成都是关于产品和服务的投诉。也就是说，我们的客服人员在日常工作中处理的最主要问题都是在解决各种麻烦。欧美专业售后客服对这项工作有种说法——Trouble Shooting。

2. 客服实现解决问题所需技能

（1）客户情绪引导控制的技能

笔者作为跨境电商业务的团队经营者，在公司内训中，常常要求我们的同事以推己及人的思路来从客户的角度考虑问题。设想一下，如果我们是一个跨境电商中的买家，当我们等待了十几个工作日甚至更久之后，却发现产品或是运输服务出现了许多问题，我们是怎样一种心态？在这样的心态下，当买家联系卖家时，往往是缺乏安全感，并且情绪极度焦躁。这对卖家解决客户的问题是非常不利的。因此，帮助客户客观地认识问题，引导他们的情绪，进而控制整个业务谈判的方向，成为客服必须具备的一项素质。这种素质的获取来自掌握一系列的相关技巧，这在本书后面的章节中会逐一展开讨论。

（2）处理问题过程中对损失控制的能力

无论是何种商业模式，在面对客户的投诉时，我们必然需要采取各种方案，而这些方案往往会涉及一些售后成本。跨境电商不同于国内电商，由于距离远、运输时间长、运输成本高，当产品或服务出现问题时，售后处理的方案往往会比国内电商的处理方案在成本上更高。

最常见的例子是，比如，当一件售价 20 美元（大约 122 元人民币）的服装出现尺码严重不符，以致客人无法使用的情况，在国内电商环境下，处理的方法往往是安排客户退回产品，卖家再重新发送一件尺码合适的服装，而其中的售后成本仅仅是退货与再次发货的运费。这一费用很低，且往往与产品本身的价值无关，卖家和买家还可以协商由谁来承担这个费用。

但是在跨境电商环境下，情况就完全不同。同样一件 20 美元的夏季服装，卖家发货的国际运费大约为 25 元人民币（约 4 美元），但如果需要买家退回产品，由于国外的跨国邮政运费远远高于中国的国际邮政包裹运费，买家可能要为退回产品支付超过十多美元的运费（以美国客户为例，使用 USPS 可跟踪服务退货回中国，0.5 千克内的包裹，大概需要花费 15 至 20 美元）。退货运费往往超过了产品本身的价值。在这种情况下，无论是买家还是卖家，都不愿承担这样的高额退货运费。因此，"退货—换货"的模式就不再适用。

上述例子根据跨境电商的现实情况，售后的处理方法与国内是完全不同的，最常见的处理方式就是免费重发或者退款等。而诸多的这些处理方法需要支付的成本都是不同的。好的客服就需要在多种处理方法中引导客户选择对卖家而言成本最低的处理方案。这种技能在后面的章节中会进行详细讨论。

（3）对各个岗位工作流程的全面了解

正如前文中提到的，解决客户的问题时，客服首先必须是跨境电商行业的专家，他必须对诸如产品、采购、物流、通关等各方面的工作流程都有一个全面而正确的认识。只有如此，客服人员才能够准确地发现问题所在，客户遇到的麻烦才能够得到完美的解决。

1.1.3 促进销售——Selling pushing

1. 客服促销的职能

销售与促销往往被认为只是业务销售人员的工作。但实际上，在跨境电商领域中，客服如果能够充分发挥主观能动性，也能够为企业和团队创造巨大的销售成绩。这里以阿里巴巴速卖通平台为例，众所周知，速卖通在刚刚诞生之际，主要的平台定位曾经是"面向欧美市场的小额批发网站"。但随着时间的推移，速卖通逐渐成长为一个完善的跨境电商 B2C 零售平台。在该平台上成交的订单大多是面向欧美、俄罗斯、巴西等国的零售型产品。不可否认的是，国外买家中仍然有很大比例的人群习惯于在速卖通上寻找质优价廉、品种丰富的中国产品供应。因此，在笔者多年的速卖通运营经历中，一直不乏小额的国外批发采购客户。

这些客户的模式往往是挑选几家中国卖家的店铺做小额的样品采购。在确认样品的质量、款式以及卖家的服务水平之后，这些客户经常会试探性地增大单笔订单的数量和金额，逐渐发展为稳定的"采购—批发供应"关系。在我们的经验中，美国的拉美裔、亚裔小店铺业主，以及澳大利亚客户和俄罗斯客户等，是跨境小额批发的主要人群。

回顾我们逐渐形成的稳定批发客户，他们与中国卖家的接触往往不是通过业务人员，而是通过我们的客服。因此，好的客服人员需要具备营销的意识和技巧，能够把我们零售客户中的潜在批发客户转化为实际的批发订单。这就是所谓的客服的促销职能，也是被许多跨境电商团队所忽视的。

2. 客服实现促销所需技能

为了发掘我们的潜在批发客户，并能够将这些潜在的客户转化为实际的批发订单，我们的客服人员需要具备以下技能。

（1）发现潜在大客户的敏锐性

我们刚才说过，批发客户往往是通过零售客户转化而来的，但并不是说所有的零售客户都是我们的潜在批发客户群。这就需要我们的客服人员具有发现潜在大客户的敏锐性。这个技能是无法在短期内炼成的，但有些常用的技巧可供参考。比如，潜在的批发客户会比普通的客户更重视卖家的产品丰富度、产品线的备货供应情况，以及当购买数量提升时，是否能够得到相应的有力折扣等。简而言之，批发客户所重视的在于与中国的卖家合作之后，是否能够得到更大的利润空间，以及稳定的产品供应和丰富的某个类目下的产品种类。越是供货稳定、批发折扣力度大、运输方案灵活的有经验的卖家，越容易博得批发客户的青睐。依据这样的思路，让我们的客服人员不断观察和总结，通过与客户的积极沟通交流，来培养发现潜在大客户的敏锐性，这是促成大单交易的第一步。

（2）激发销售的动力与欲望

想要使我们的客服人员为团队和企业创造更多的跨境批发订单，从根本上讲取决于团队的领导者是否为我们的客服人员提供合理的激励机制。在客服人员的收入设定上，许多跨境电商的团队都是将客服的收入与账号的表现指标挂钩的。但如果能为客服人员设定相应的批发订单的提成机制，将会有效地激发客服人员对促进销售的动力与欲望。

（3）对成本、物流、市场情况的全面了解

如我们前面讲到的，当团队赋予客服人员促进批发订单成交的职能之后，在某些情况下，客服相当于半个业务人员。因此，类似于传统外贸中的"询盘—报价"模式，我们的客服在工作中也经常会涉及物流费用、产品成本以及销售利润的预算。这就需要我们的团队在对客服人员进行培训时，要求他们充分掌握本团队所经营产品的成本情况、运输方式的选择，以及各项费用的预算。

（4）持续追进的耐力

客服人员一旦被团队赋予了促进销售的职能，相应地，他们就需要有持续推进的耐力。新手卖家之所以很少有人能够谈成批发订单的一个重要原因，就是他们在客服工作方面缺乏对重点客户的持续跟进。

批发客户在跨境电商平台上的询盘往往是同时向多个中国卖家一齐批量发出的。在收到多个卖家的第一轮报价后，客户往往会对所有的这些报价以及相应的运输服务进行横向比较。这也是为什么很多情况下我们发出的批发报价总是石沉大海。实际上，在第一轮报价之后，客服人员应该定期与买家进行联系，明确他们现在的情况与问题，及时调整价格、运输方式、交货时间或者清关方式，这些都是批发客户在收到多个报价后所主要考虑的。

仍然采用推己及人的思路来考虑这件事情，当买家进行跨国批量采购时，涉及的金额比较大，运输付款等各项风险也相对较高。因此，国外的批发客户在进行采购时并不只是考虑报价的高低，更多地要考虑合作的稳定性与卖家的服务、处理能力。

因此，持续、定期地与买家沟通，解决买家的顾虑或疑惑，与买家一起研究，提供最安全、稳妥的物流和供应方案，是最终将批发订单敲定的关键。

另外，当与买家第一次达成批发订单后，后续的客户服务要更加主动。因为根据我们的经验，跨境电商平台上的批发订单除"金额较小"这一特点外，还有另一个重要特点，就是再次回购的稳定性非常好。如同本文之前提到的，跨境电商平台上的批发客户主要是在欧美国家于线下开展零售业务的小店铺业主。由于他们的资金有限，很难像传统进口商那样，开展以集装箱为单位的大额进口贸易。但是小店铺业主的经营是非常灵活的，所以他们的订单往往兼具了批发金额小、下单频率高且稳定的特点。

对跨境电商的卖家而言，与一位客户达成第一笔批发订单只是后续多次合作的开始。需要我们的客服人员定期联系过往的批发客户，为他们提供更加周到的售后服务，同时向他们推荐我们最新的相关产品。这种回访的模式往往会带来更高的下单率和更加稳定的长期客户。

1.1.4 管理监控职能——Managing monitor

1. 客服管理监控的职能

跨境电商由于其跨国交易、订单零碎的属性，在日常的团队管理中往往容易出现混乱的情况。无论是在产品开发、采购、包装、仓储、物流或是海关清关等环节，可能出现问题的概率都会比国内电商更大。

笔者认为，在某个环节出现问题并不可怕，可怕的是出现问题之后由于环节非常多，责任无法确认到位，导致问题进一步扩张与恶化。如果整个团队工作流程中的缺陷在导致几次问题之后仍然不能被有效地发现和解决，那么对团队来讲无异于一个长期的定时炸弹。环节上的缺陷随时有可能爆发，并引起更加严重的损失。

因此，对任何一个团队来讲，团队的管理者都必须建立一套完整的问题发现与问责机制，在问题出现后，及时弥补导致问题的流程性缺陷。

而在跨境电商行业中有一个岗位先天就适合充当这一角色，这就是我们的客服岗位。首先需要明确的是，客服人员并不一定直接参与到团队的管理中。但是作为整个团队中每天直接面对所有客户的一个岗位，客服人员聆听并解决所有客户提出的问题。"春江水暖鸭先知",客服人员作为广大客户的直接接触人,是团队中最先意识到所有问题的接触点。

因此,跨境电商团队必须充分发挥客服人员的管理监控职能,让客服人员定期将遇到的所有客户问题进行分类归纳,并及时反馈到销售主管、采购主管、仓储主管、物流主管以及总经理等各部门。为这些部门的决策者对岗位的调整和工作流程的优化提供第一手重要的参考信息。

这就是客服人员的管理监控职能。

2. 客服实现管理监控职能所需条件

为了实现客服岗位的管理监控职能,除要求我们的客服人员要掌握整个公司各部门工作的基本流程外,团队的管理者也需要对客服的工作内容进行相应的安排。

(1)建立及时发现与统计问题的工作制度

客服发现问题和反馈问题不能简单地理解为"一事一报",而是要建立完整的"统计—反馈"制度。客服人员通过客户的投诉,从而发现各个问题之后,需要将问题所涉及的部门进行分类,同时统计所涉及的损失。

具体的操作方法可以通过建立固定的"统计—分责"机制,使用制作 Excel 表格形式,将客服人员所遇到的所有问题分门别类地进行统计。

统计的数据包括具体订单号码、清晰的问题描述、客服的处理方法、涉及的费用,以及相关的责任部门(见图 1-1)。当统计数据反馈到管理者手中时,管理者可以对表格进行筛选与统计,轻松准确地发现出现问题的关键所在,及时与相关的同事和责任人进行联系,有的放矢地解决流程中的漏洞。

客服问题统计表					
日期	订单号	问题	处理办法	损失金额(RMB)	责任部门
6月6日	##########	发错地址,客人是黎巴嫩,ERP配送到阿根廷	重发	35	IT部门
6月13日	##########	发错货了,应该是泳衣 m0151_26,错发r	重发	20	仓储部
6月16日	##########	m0177 客户下单-斑马纹,错发成豹纹	重发	25	仓储部
6月17日	##########	黎巴嫩订单,ERP系统配送发到阿根廷	全额退款	60	IT部门

图 1-1　客服问题统计表

（2）做到发现问题后及时向相关部门反馈

问题的统计往往是定期的，比如以一周或半月为单位向管理者进行汇报。而管理者会对出现问题的环节进行修正。但是仅用这种定期汇报的模式会出现问题反馈不够及时的缺点。所以，当客服人员发现问题后，往往还需要及时与相关的部门同事进行"一事一议"的实时沟通。

如图 1-1 中所体现的，当我们的团队用来分配客户订单的软件系统出现问题，多次将黎巴嫩客户的订单错发到阿根廷时，我们的客服人员应当及时与 IT 部门进行沟通，要求 IT 部门的同事及时更正错误，防止类似错误的重复发生。

另外，在图 1-1 中也体现了另外一个列子，当某个产品与另外一个类似的商品经常性地被仓储部门负责包装的同事混淆，客服人员应及时地与仓储部门进行沟通，遏止类似错发的情况再次发生。

（3）培训客服掌握与其他部门的沟通技巧

无论是及时地与出现问题的部门同事进行沟通，还是将问题分类统计，并发送给团队管理者，客服人员都扮演了重要的"管理信息提供者"的角色。

但是我们需要清楚地认识到，客服人员本身往往并不是管理团队的一员。因此，管理者需要对客服人员进行相关培训，帮助他们在与其他同事在同等地位的情况下，处理好部门与部门之间的沟通。一方面要及时解决问题，另一方面，又要让所有团队成员意识到客服所提供的问题反馈对整个团队健康发展的重要性。

1.1.5 小结

跨境行业中，"客服"的工作完全区别于传统意义下国内电商的"客服"概念，它不仅仅是"服务客户"，其职责更多地会涉及并影响"销售"、"成本控制"、"团队管理"等各方面。

以"商务谈判"的理念与要求来打造我们的客服队伍是有效提高客户满意度、优化跨境电商团队整体管理水平的重要方向。

1.2　客服的工作目标

1.1 节 "客服的工作范畴" 探讨的是 "客服究竟是干什么的" 这一问题, 本节需要搞清楚客服人员需要设立与达到什么样的工作目标。也就是客服工作岗位的考核设置。

1.2.1　保障账号安全

1. 什么是保障账号安全

在明确客服的 "保障账号安全" 这一职责之前, 我们需要先搞清楚跨境电商行业中何为 "账号安全"。首先需要明确的是, 跨境零售电商对卖家的信誉以及服务能力的要求要高于国内电商。以阿里巴巴速卖通平台为例, 为了清楚地衡量每一个卖家不同的服务水平和信誉水平, 速卖通平台设置了 "卖家服务等级" 这一概念。

"卖家服务等级" 本质上属于一套针对卖家服务水平的评级机制, 共有四个层级, 分别是优秀、良好、及格和不及格。在此机制中, 评级越高的卖家得到的产品曝光机越多; 平台在对其推广资源进行配置时, 也会更多地向高等级卖家倾斜。反之, 当某个卖家的 "卖家服务等级" 处于低位水平, 特别是 "不及格" 层级时, 卖家的曝光机会以及参加各种平台活动的资格都会受到极大的负面影响。这种影响的程度远远高于国内电商的类似情况。

"卖家服务等级" 对卖家账号的直接影响可以体现在图 1-2 所示的内容中。

	优秀	良好	及格	不及格	不考核
标准	上月最后一天之前30天服务分均值>=90	90>上月最后一天之前30天服务分均值>=80	80>上月最后一天之前30天服务分均值>=60	上月最后一天之前30天服务分均值<60	
橱窗推荐数	3	1	0	0	0
Top Rated特殊标识	有	无	无	无	无
平台活动	优先参加	正常参加	正常参加	**不允许参加**	正常参加
营销邮件数	2000	1000	500	0	500

图 1-2　服务等级的分级标准 & 资源奖励

常见的影响 "卖家服务等级" 的因素有：成交不卖率得分、纠纷提起率得分、货不对板仲裁提起率、有责率等, 各项因素的得分如图 1-3 所示。这些因素在本书第 6

章会详细分析。卖家要做到的就是要通过提高产品的质量和服务的水平，不断提升卖家服务等级，以便在平台销售过程中获得更多的资源优势与曝光机会。

考核项	单项满分	指标详解
成交不卖率	5	考核期内卖家未全部发货且（卖家发货超时 或者 买家选择卖家原因并成功取消订单）/考核期内（卖家未全部发货且 卖家发货超时 或者 买家选择卖家原因并成功取消订单）+全部发货的订单数）
纠纷提起率	5	考核期内（买家提起退款（dispute）订单数—买家主动撤销退款的订单数）/考核期内（买家确认收货+确认收货超时+买家提起退款（dispute）的订单数）
货不对版仲裁提起率	10	考核期内提交至平台进行裁决的货不对版纠纷数订单数/考核期内（买家确认收货+确认收货超时+买家提起退款（dispute）并解决+提到速卖通进行裁决（claim）的订单数）
货不对版仲裁有责率	15	考核期内提交至平台进行裁决且最终被裁定为卖家责任的货不对版纠纷订单数/过去30天（买家确认收货+确认收货超时+买家提起退款（dispute）并解决+提交到速卖通进行裁决（claim）并裁决结束的订单数）
好评率	10	考核期内产生的好评数/（考核期内的好评数和差评数总和），更多规则查看这里
DSR商品描述	30	考核期内DSR商品描述的准确性平均分
DSR卖家服务	15	考核期内DSR沟通质量及回应速度平均分
DSR物流服务	10	考核期内DSR物流运送时间合理性平均分。（不包含采用线上发货且 DSR物品运送时间合理性=1、2、3分的订单）

图 1-3　每日服务分各影响因素

从现实层面考虑，受制于卖家的产品结构在短期内不可能进行频繁调整，卖家团队运营水平的提高也只是循序渐进。所以，一般来讲，一个卖家的产品质量与运营水平在一定时期内是稳定的。

因此，想要在其他因素相对稳定的前提下达到更高的卖家服务等级，就需要我们的客服人员通过各种工作方法与沟通技巧，维持以上提到的各项指标。也就是说，指标越好，账号的安全度越高。这也就是我们所说的跨境电商客服人员的"维护账号安全"目标。

2. 保障账号安全的考核标准

考核我们的客服人员是否达到"维护账号安全"这一目标，在速卖通平台上有非常多的、可量化的指标。其中排在首位的就是要保持"卖家服务等级"处于较高水平。

我们往往把账号的安全目标分成两个方向：第一是"最低安全标准"，第二是"奖励安全标准"。

体现在"卖家服务等级"这一标准上，我们要求具体店铺的相关客服人员必须保证该店铺的卖家服务等级在"及格"以上。如图 1-2 所示，当店铺的卖家服务等级低于及格线，处于不及格这一层级时，该店铺的"可用营销邮件数"会被降为 0，在所有的平台促销活动中，该店铺都无法参加，更严重的是，"不及格"的店铺在搜索排序中会受到严重的负面影响，这将直接影响店铺的整体曝光与销量。因此，保证账号的卖家服务等级在"及格"或者以上是我们对客服团队提出的"最低安全标准"。

同时，当产品与服务水平均表现不错，并且在客服的努力下店铺各项评级指标逐渐改善，我们建议为客服岗位设置"奖励安全标准"。体现在卖家服务等级上时，如图 1-2 所示，当店铺达到"优秀"评级后，无论是在曝光加权上，还是在平台活动的优先参与权上，平台都会有非常明显的支持与倾斜。"优秀"卖家将获得"Top-rated Seller"的标志，买家可以在搜索商品时快速发现优秀卖家，并选择优秀卖家的商品下单。这些对创业的中小型卖家来讲，显得尤为重要。因此，当客服通过努力，解决了中差评，防止不良订单的产生，进而使整个店铺维持在高服务等级上时，对相关客服人员进行一定程度的奖励，就是非常值得的。

1.2.2　降低售后成本

1.　什么是客服售后成本

在之前的章节中已提到过，跨境电商客服人员在解决客户的各种投诉过程中，所能使用的方法与国内电商中使用的方法是完全不同的。由于运输距离远、时间长，国外退货成本高，跨境电商的卖家会比国内电商的卖家更多地使用到"免费重发"或者"买家不退货，卖家退款"的"高成本"处理方式。这也是许多新卖家在经营跨境电商业务之初容易感到迷茫和担心的。

实际上，一个好的客服人员在处理国外卖家投诉时，所使用的方法是多元化的。同时，富有经验且精于沟通的客服人员会使用各种技巧，让我们的客户尽量接受对卖家来讲损失较小的解决方案。第 3 章会就各种技巧进行详细研究与探讨。

所以，降低售后解决方案的成本就成为对我们跨境电商客服人员所必须考核的一项重要目标。

2.　如何降低客服售后成本及相关考核

我们已经知道，客服在进行售后维护的工作中会涉及各项成本。而在跨境零售电商领域中，解决售后问题时所涉及成本的高低往往与各种解决方案相关。以下列出了跨境电商客服工作中最常见的几种解决方案以及所对应的亏损金额。

（1）常见各种处理售后问题的方式和成本比较

下面以处理成本占原始订单总金额的比例为标准，从高到低排列，并对其进行介绍。

① 买家不退货，卖家退全款（销售额 100% 亏损）

当以这种方式进行处理时，卖家不但无法收回已经发出的产品成本和运输费用，还需将所有从买家处收取的订单金额全部退回。因此，这是最极端的一种方式，但也是最干脆利落地解决买家投诉的方法。在现实操作过程中，特别是新手卖家，在了解到卖家服务等级的重要性后，往往会大量使用这种方式。虽然这种方式不需要太多的处理技巧，并且往往可以有效地防止买家留下中差评或开启纠纷、裁决等，但由于损失额度太大，长期使用会严重拉低整个店铺的利润水平。

这是我们非常不鼓励的一种方式。

② 免费重发（65%～80% 亏损）

免费重发指的是买家并不将第一件有问题的产品退回卖家，卖家为了解决客户的产品问题，会安排免费重发一个没有问题的产品。在这种操作方式下，卖家所支付的实际成本由两部分构成：一是重发产品的进货成本，二是重发产品的运输费用。一般来讲，这两项费用的总和大约占到原始订单的 65% 到 80%。这个数值也就是在"免费重发"方式下卖家所需承担的损失。

③ 部分退款或其他补偿（20%～50% 亏损）

当买家投诉的产品问题并不是特别严重，并非无法解决的情况下，卖家可以与买家商议，以部分退款的形式来作为对买家的补偿。

比如，当美国买家购买了中国尺码的帆布运动鞋，由于中美鞋型、鞋楦（鞋的成型模具）的差异，导致鞋子在顾客上脚后有一定的紧绷或不适感，但并不影响穿着。在面对这种投诉的情况下，卖家可以尝试建议退一部分金额，如 20%，给顾客作为解决问题的补偿。基于当时顾客的态度，一般情况下可以用这种方式来解决。这时，部分退款的金额也就是此次客服售后工作的成本。

这种方式实际上比前两种方式大大节省了成本，同时在操作层面上也比"免费重发"更省时、更省力。

④ 下次购买的优惠券（10%～20%亏损）

由于阿里巴巴速卖通平台在营销方式上不断地更新与发展，有许多营销工具也可以方便地帮我们解决客服售后的问题。比如，速卖通卖家后台"营销活动"板块里的"定向发放型优惠券"工具，可以给曾经在我们店铺中下单的或者是收藏过产品的客户提供仅针对某几个买家的独特优惠券（见图1-4）。被发放该优惠券的老客户可以在再次下单时享受一定金额的优惠，而普通客户无法享受这一"差别性的"优惠待遇。（有关"定向发放型优惠券"的内容，在本系列丛书的《跨境电商营销》一书中会有详细的使用说明与技巧总结。）

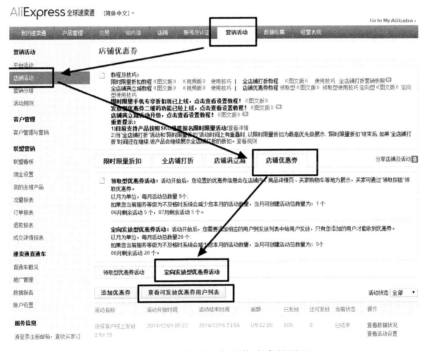

图 1-4　设置速卖通定向优惠券的界面

当某些投诉所反映的问题并不影响客户正常使用的情况下，卖家可以通过向客户提供一定金额的定向优惠券，为客户下一次在本店铺下单购买提供优惠来弥补买家的损失。

比如，在阿里巴巴速卖通销往美国的产品，如使用中国邮政挂号小包的运输方式，正常的投递时间一般为 10 到 20 个工作日。如果客户投诉"运输时间过长"，例如，

40天才签收，那么我们可以判定在这种情况下产品本身并不影响客户使用。客户所需要的就是一个合理的解释，以及一个合适的心理补偿。类似这种情况就非常适合使用"下次购买优惠券"的方式来解决。若本次客户下单金额为20美元，那么我们可以提供2美元的一张"定向发放型优惠券"，在客户下次下单时，使用这张优惠券享受2美元的优惠额度。

对客户来讲，定向发放型优惠券（特别是没有使用门槛要求的优惠券）属于自己独享的优惠，类似于VIP形式的待遇，与退款无异。而对卖家来讲，一方面，这种优惠券的损失金额会比"全额退款"或"免费重发"损失更小；另一方面，优惠券可以促使客户再次下单，进而获得新订单的销售额与利润。这是我们非常推荐的一种方法。

⑤ 技术层面解决问题，解除疑惑（0亏损）

在所有解决客户投诉问题的方法中，我们最推崇的方法毫无疑问是零成本的方法。这种方法指的是通过客服人员的答疑，解决客户关于产品、服务、运输的所有问题，让我们的客户理解整个服务过程，并接受我们的产品。这正是我们所追求的目标。这种方法往往运用在技术性比较强、使用较复杂的产品上。

比如，一些消费类电子产品，或近年来比较热门的智能家居产品，往往由于国产产品缺少详细的英文说明书，以及客户缺乏相关产品的操作经验，导致客户使用困难。该类产品的投诉会比较集中在使用方法的不明确上，某些缺乏耐心的客户可能就会提起纠纷，甚至要求退款。

而我们的客服人员就需要通过巧妙的方式，用简单易懂的语言向我们的客户说明产品的使用方法，解答一切关于产品本身的技术性问题。这就要求客服人员对产品要有充分的认识，同时在沟通方法上有更加灵活、巧妙（有关"具体针对技术性产品的说明方式"，我们会在第3章中举例阐述）。

一旦客户的问题通过客服人员的回答得到完美解决，那么卖家就不需要做出任何有成本损失的补偿行为。这也是在所有解决方式中我们最提倡的一种。

（2）客服售后成本的考核指标

比较了客服人员可以采取的各种解决售后问题的方式之后，我们知道各种方式之间在成本上是有优劣之分的。当然，在保证账号安全的前提下，所有的卖家都希望更多地采用低成本的解决方案。所以对客服人员在售后成本的考核上，我们需要一个可以量化的指标。经过考察诸多较成熟的跨境电商卖家，我们引入了一个数据指标，即"月度退款重发比"的概念。该指标的计算方式如下：

月度退款重发比=（退款总额+重发成本费用+其他售后成本）/ 月度销售总额

其中，"退款总额"指的是在部分或者全部退款的情况下，本月卖家对所有的买家所发放的退款人民币总和；

"重发成本费用"指的是当客户接受"免费重发"的解决方案后，本月卖家安排重发所有的订单所需支出的"重发产品进货成本 + 重发运费"之和的人民币总金额；

"其他售后成本"指的是在使用其他售后处理方式下，卖家所需支付的所有成本的人民币总和；

"月度销售总额"指的是该卖家团队在本考核月度内所有售出订单换算为人民币的总金额。

经过对许多卖家的采访，行内该指标的正常范围一般为 1%～3%。也就是说，在正常情况下，跨境零售电商团队的所有销售额中，每 100 元收入大约要有 1～3 元用于处理售后问题。

卖家团队的管理者可以使用这个指标来衡量一个客服团队在售后成本控制上的工作水平。在保证账号安全的前提下，该比率越低，说明售后成本的控制越好。当该比例超过 3%甚至更高时，卖家团队的管理者需要及时纠正客服人员的售后维护行为，防止售后成本失控。

另一方面，当该指标稳定在一个合理的水平上时，跨境电商销售团队可以在下个月的产品定价时将上一个"月度退款重发比"考虑到新月份的产品定价中，提前在定价时考虑售后的成本与损失。

总之，通过合理、巧妙地搭配各种售后服务方式，针对不同的情况因地制宜地进行处理，最终将售后服务的成本指标（也就是我们所说的"退款重发比"）控制在合理范围内，即为客服人员的重要目标之一。

1.2.3 促进再次交易

1. 客服促进再次交易的两种途径

正如本书在前面提到的，跨境电商的客服人员除了解答客户的问题外，有一个非常重要的职责，就是促成潜在批发客户的批发订单成交。这一工作范畴本身就是促成客户再次交易的一种途径和目标。

除了促成批发订单外，客服人员通过自己的努力，也完全可以有效地帮助零散客户再次与我们进行交易。中国有句俗语"不打不相识"，正如本文之前提到的，在普遍"静默下单"的情况下，我们的国外客户很少与我们的跨境电商零售团队进行深入交流，也就很难形成具有"黏性"的老客户。因而，当我们的客服人员遇到客户的投诉问题时，不要感到麻烦与烦躁，应当将这种沟通作为展示自己团队服务水平的一次机会。

这就是我们所说的客服人员促成客户再次交易的第二个重要途径。

2. 如何通过客服实现再次交易

（1）卖家对问题的完美解决会在买家心中大大加分，容易形成客户黏性

在笔者多年的跨境电商经营中我们发现，很多在我们的店铺中几十次下单的老客户往往是在与我们最初几次交易中遇到这样或那样问题的人。而当我们的客服人员帮他们完美地解决问题后，客户对卖家的信任会显著增强。特别是当我们专业的服务态度能够感动国外的客户时，这种人与人之间的相互信任关系会促使我们的客户在未来的几年中稳定地回购下单。

（2）从大量售前咨询中发掘潜在大客户，促成批发交易

正如之前提到过，跨境零售电商行业中（特别是在阿里巴巴速卖通平台上）有大量的国外买家主要的目的是为了搜寻合适的中国供应商。无论是售前还是售后的咨询，这种客户更关注的是卖家在产品种类的丰富度上、产品线的开发拓展速度、物流与清关的服务水平和批发订单的折扣力度与供货能力等。一旦发现这种客户，我们的客服人员需要积极跟进，不断地解决客户的所有疑问与顾虑，最终促成批发订单的成交。

（3）巧妙使用邮件群发工具形成"客户俱乐部"制，增加回头客

在跨境电商的营销过程中，通过与营销业务人员的配合，客服人员也可以扮演非常重要的角色。相对于国内买家，国外零售电商的买家更容易接受"客户俱乐部制"。因此，有效且精致的营销邮件群发，一方面可以增强客户的黏性，另一方面也可以通过优惠券的发放促使客户参与店铺的各种促销活动，促进他们回店再次下单。

1.2.4　小结

本章从两个层面阐述跨境零售电商中客服工作的两个最基本的问题，即"客服要做什么"，以及"客服工作要达到什么样的目标"。

简而言之，在中国的跨境电商人经过多年的摸索与尝试后，希望通过本书对这个新兴行业中关于客服这一工作提出一些新的想法，进而尝试建立一套更加完整，并且方便广大卖家套用的新理论，最终缩小我们与欧美跨境电商卖家在客户服务水平上的差距。

第2章

跨境电商客服工作惯例

本章要点：

- 客服服务对象不同
- 客服沟通工具侧重不同
- 客服回复时效要求不同

国内电商客服与跨境电商客服因服务对象不同而存在各种差异，例如，地域差异、时间差异、语言差异、思维方式差异、风俗习惯差异、信仰差异等。本章主要通过以淘宝为例的国内电商和跨境电商速卖通进行对比来阐述跨境电商客服工作惯例。

2.1　客服服务对象不同

2.1.1　淘宝卖家客服服务对象及特点

1．服务对象

淘宝客服的对象基本上都是国内的顾客（不排除在华的外国友人，但可以忽略不计）。由于淘宝客服的对象是中国人，加上普通话的普及率较高，所以基本不存在语言障碍。

2．服务对象的年龄层次

在淘宝网上购物的人群主要以 70 后到 90 后的中青年为主。

3．思维方式

中国人是从宏观到微观的思维方式强调秩序、和谐、包容的精神，比较注重整体性。由于中国人的运行状态是由大到小且内敛的，所以中国比较注重自身的修养，注重秩序和谐，中国历史上一直强调以德化治理天下（以德服人），很少以武力的方式主动进攻其他国家。

2.1.2　速卖通卖家客服服务对象及特点

1．速卖通客服服务对象

平台客服对象以来自全球 220 个国家和地区的外国人为主，当然也有极少数国外华人，但是这个数字可以忽略不计。世界不同国家、民族和地区有其传统的风俗和习惯，例如，中国重孝道、日本讲茶道、巴西爱足球、英国嗜读报等。我们知道了这些后，对国际友好交往和对外经济合作是大有裨益的。主要国家包括俄罗斯、巴西、美国、西班牙、英国、法国、德国、加拿大、以色列、澳大利亚、印尼等。由于客服对象的复杂性，所以建议卖家朋友大致了解买家所在国家的基本情况，以及不同国家买家的性格特点。因内容来自旅居国外的一些朋友和网络，部分细节可能会比较片面，如有不妥，欢迎读者指正。下面简要介绍不同国家的概况以及买家的特点。

（1）俄罗斯

俄罗斯作为世界上国土面积最大的国家，地跨欧亚两洲，独特的地理位置就决定了在俄罗斯的发展进程中少不了来自两个世界不同类型文化的碰撞与融合，最终创造出了俄罗斯举世闻名的文化风俗，以及其特有的鲜明的民族个性。以下是与俄罗斯人交流中应该注意的细节，希望能在一定程度上帮助到各位读者。

首先是俄罗斯人的姓名。俄罗斯人的姓名一般由三部分组成，顺序依次为名字、父亲的名字、姓。如一个俄罗斯男子的全名为伊万·伊万诺维奇·伊万诺夫，其中伊万为本人名字；伊万诺维奇为父名，意为伊万之子；伊万诺夫为姓。三部分通常并不是同时使用的，而是有各种不同的组合，这就取决于你与之交流的场合以及交流的对象。其中的情况细分有很多讲究，比如，是否与对方熟识，对方的辈分、年龄以及与自己的年龄差，对方的地位、职务等诸多因素。而我们在与客人进行邮件沟通时无法确定到这些细节，所以只需要让对方感觉到我们对对方的尊敬就好，也就是用"名字+姓"这样的组合即可，或者使用"先生（女士）+姓"的格式。同时，俄罗斯的人名是区分性别的，一般在词尾的变化中表现出来，懂俄语的朋友一般可以分辨出来。此外，卖家要特别留意买家订单信息里的收件人是否是买家的全名。因俄罗斯邮局规定，收件人姓名必须完整才能投递成功，如果收件人姓名不完整，需联系买家提供全名。

其次是数字。邮件中也经常不可避免地会出现一些数字，这里需要注意的是：受基督教文化的影响，俄罗斯人崇尚数字7，认为7是吉祥、幸福、完美的数字。俄罗斯人还偏爱3以及3的倍数，这同样源自基督教文化，而数字12也经常能在俄罗斯的很多童话故事中出现。与中国人喜欢好事成双相反，俄罗斯人更喜欢单数多一些，比如送花都要送单数，双数是送给死人的。对于数字13，虽然俄罗斯人并不像西欧人那样感到恐惧，但也是比较忌讳的，依旧是不吉祥的数字。比如13号又同时是星期五的话，就会被认为是非常不吉利的一天。同样，中国人喜欢六六大顺，但这在西方人中并不受欢迎。

第三是忌讳的话题。有一些比较忌讳的话题，在与俄罗斯人交流时应该尽量避免，例如，政治矛盾、经济难题、宗教矛盾、民族纠纷等问题。

还有一点值得注意，俄罗斯人认为提前祝贺生日是不吉利的，也不要提前祝贺孕妇生孩子。另外，不要随意询问对方的年龄，尤其是对女性客户，这些都是俄罗斯人不喜欢的行为。

（2）巴西

巴西是南美洲最大的国家，国土面积位居全球第五，人口约 2.1 亿人。巴西拥有丰富的自然资源和完整的工业基础，国内生产总值位居南美洲第一，为世界第七大经济体。巴西国旗由绿色和黄色组成，这两种颜色也是巴西的国色，绿色象征森林，黄色象征矿藏和资源。巴西大部分地区属热带气候，南部部分地区为亚热带气候。亚马逊平原年平均气温为 25～28℃，南部地区年平均气温为 16～19℃。巴西的文化具有多重民族的特性，巴西作为一个民族大熔炉，有来自欧洲、非洲、亚洲等地区的移民。足球是巴西人文化生活的主流运动，不论贫富，不分男女，足球都是人们最喜欢的运动，因而享有"足球王国"的美誉。

巴西历史上曾有过几次大的移民浪潮，1884 年至 1962 年间，迁居巴西的移民达497 万多人，主要来自葡萄牙、西班牙、意大利、德国、法国、波兰和阿拉伯国家。黄种人多来自日本、朝鲜和中国。巴西约有 130 万日本人、25 万华人，主要集中在圣保罗和里约热内卢。由于历史原因，巴西人口的种族构成十分复杂。大西洋沿岸人口稠密，内陆地区较为稀少，种族和文化差异显著。巴西是一个移民国家，东西方多种宗教共存，其中天主教徒占 90%以上，巴西人口中，白种人占 53.74%，黑白混血种人占 38.45%，黑种人占 6.21%，黄种人和印第安人等占 1.6%。

巴西友人很质朴，性格爽快、善谈吐；心地善良又耿直，幽默风趣但不粗鲁；坦率、豪放，喜热闹，生来能歌善舞；足球运动人人酷爱，而且也很关注；待人友好诚挚，热情礼貌。巴西人对体育的热爱远远不止于足球。在巴西体育场馆里看比赛，即使没有明星上场，你也会为观众排山倒海般的热情而倾倒，那完全是一种生命的激情在燃烧。

从民族性格来讲，巴西人在待人接物上所表现出来的特点主要有两方面：一方面，巴西人喜欢直来直去，有什么就说什么；另一方面，巴西人在人际交往中大都活泼好动，幽默风趣，爱开玩笑。巴西人对职业无高低贵贱之分，人们互相尊重，即使不认识，迎面碰上也会互相微笑。巴西人的家庭观念比较强，尊老爱幼是社会共识。借用一位在巴西生活了 70 多年的华人企业家的话，说起对巴西人的印象，大部分除了懒散些，其他方面都好，也很好相处。

巴西是葡语国家，英语普及率不高，这是和巴西客户沟通不畅的常见障碍。在商务沟通中感情成分很大，一旦彼此成为朋友，他们便会优先办理，也会照顾卖家的要求，商谈便可以顺利地进行。因为巴西人的性格特点，如果能有良好的沟通，他们也是很"义气"的，学习一点葡语，关注巴西的一些新闻和话题，用来套瓷聊天对改善关系很有帮助。

（3）美国

美国是高度发达的资本主义超级大国，其政治、经济、军事、文化、创新等实力雄厚。作为超级军事大国，其高等教育水平和科研技术水平也是当之无愧的世界第一，其科研经费投入之大、研究型高校企业之多、科研成果之丰富堪称世界典范。因美国为大家所熟知，在此无须赘言。

美国人的强烈个人独立性，与从小的培养和锻炼密切相关。美国的父母从小教育和培养孩子自我独立和倚靠自己的特性。绝大多数美国人长大之后，都是自己选择生活道路，自己选择主修专业，自己选择工作，自己选择婚姻对象。总之，自己掌握自己的命运，而不依附父母或社会。强调个人独立性，也使美国人一般能尊重他人，相信所有的人应是平等的。

美国人坦承、直率，直言不讳，不善于转弯抹角。对他们来说，问题的实质和利益的所在远比保全"面子"更重要。在交谈中，美国人也是直入主题，他们觉得过分的客套是在浪费时间，因为美国人的时间观念非常强。美国人的紧张工作就是为了成功，而成功的衡量标准最容易表现在赚钱多少上。

美国人交朋友的特点是交情泛泛，他们同大家的关系都十分融洽，希望给别人一个好印象，但却往往缺乏那种可以推心置腹的知己。美国人很好动，住在美国中部平原和中西部地区的人往往只为同朋友吃顿晚饭，驾车到 120 公里甚至 160 公里外的邻城。许多青年人就读的大学距离自己的家和亲友的住处都很远；他们挑选远的地方，只是想"看看本国的另一个地方"。美国人迁居的现象更常见。据统计，美国每年约有 4000 万人搬家，平均每五户中就有一家每三年迁居一次。这种频繁的迁居在某种程度上反映了他们不习惯于平淡无奇的生活，渴望看到新地方，寻找新的就业机会，获得新成功的性格。

（4）西班牙

西班牙是位于欧洲西南部的一个君主立宪制国家，地处欧洲与非洲的交界，是欧洲高山国家之一。西班牙是欧盟成员国之一，属于欧洲传统发达国家，拥有市场经济，是欧元区第四大经济体，国内生产总值（GDP）居欧洲国家第 6 名，世界排名第 13。西班牙人在经贸往来时一般使用本国官方语言。从事对外事务的政府官员和商人一般会讲英语或法语。全球有 5 亿说西班牙语的人口，为世界上使用人数第三多的语言，并且是使用国家第二多的语言。

西班牙人的名字大多取自圣徒，最常见的男女名字就是圣父圣母"何塞"和"玛丽亚"，而且不论男女，都经常把这两个名字连用。比如，西班牙前首相就叫"Jose María Aznar"（何塞·玛丽亚·阿斯纳尔）。西班牙人的姓名常有三四节，前一二节为本人姓名，倒数第二节为父姓，最后一节为母姓。通常口头称呼其父姓。

西班牙 96%的居民信奉天主教，属基督教文化圈，许多禁忌与欧美国家相同，如视"13"为不吉利数字，忌用黄色、紫色、黑色，忌用菊花等。

西班牙人的作息时间较为独特：午餐一般在 14:00—16:00，晚餐一般在 21:00—23:00。西班牙人爱好十分广泛，喜欢旅游、酷爱户外活动，对足球、登山及自行车等运动情有独钟。西班牙的斗牛、弗拉门戈舞闻名于世。

西班牙人的性格是典型的南欧人的性格，热情奔放，乐观向上，无拘无束，讲求实际。西班牙人性格的最大一个特点是热情大方。凡同西班牙人接触过的人都会有这样的印象：开朗坦诚，容易接近和交朋友。即使你初次结交一位西班牙人，他也会像老朋友那样无拘无束地同你侃侃而谈，所以经常给人留下话唠的印象。他们乐观向上，认为人活着不应成为生活的奴隶，而要成为生活的主人，要善于驾驭生活，把生活安排得丰富多彩，这才能其乐无穷。他们注重生活质量，喜爱聚会、聊天，对夜生活尤为着迷，经常光顾酒吧、咖啡馆和饭馆。

西班牙人还很自强自立。他们做什么事总喜欢自己亲自去做，不太愿意求人、依赖人。他们认为投入了、努力了就是收获，尤其是对那些富于挑战和刺激的事情，他们更有一种冒险和勇往直前的勇气。无论是家庭还是社会，都鼓励这种压倒一切困难、自强不息的民族精神。这也是他们之说以极其热爱户外运动的原因。

（5）英国

英国是由大不列颠岛上的英格兰、苏格兰和威尔士，爱尔兰岛东北部的北爱尔兰以及一系列附属岛屿共同组成的一个西欧岛国。除本土之外，其还拥有十四个海外领地，总人口超过6400万人，以英格兰人为主体民族。

大部分英国人具有与他人格格不入的孤傲特质。孤傲是英国人最明显的性格特征，他们不愿意和别人多说话，从来不谈论自己，感情不外露，更不会喜形于色。其他国家的人很难了解英国人的内心世界。大部分英国人有守旧而又不愿接受新生事物的保守思想，英国人的保守为世人所知，英国人却认为他们的做事方式是最好、最合理的。英国人具有讲究文明用语和礼貌的好习惯。英国人总是为别人着想，他们不会要求别人做不愿意做的事情。如果他们不得不要求别人做什么事的时候，说话总是非常客气，诸如："I know the trouble I am causing you, but would you mind…?"也许是由于缺乏空间的缘故，英国人的性格特点中有喜欢独居（privacy）和个人自由（individualism）的因子。英国人很幽默，不过都是一些自我嘲弄的幽默。他们喜欢嘲笑自己的错误、自己的缺点、自己的尴尬境地等。英国人的这种生活态度是多年来形成的，对别人并没有什么恶意。

（6）法国

法国是一个高度发达的资本主义国家。法国为欧洲国土面积第三大、西欧面积最大的国家。今天的法国人民也认为，三色旗上的蓝色是自由的象征，白色是平等的象征，而红色代表了博爱，正如法国人民"自由、平等、博爱"的宣言。

法国的气候多变，虽冬不寒，夏不热，但总体还是以阴雨连绵的时候为多。夏天是法国最好的季节，也是法国人见到阳光最多的时候。每年的七、八月是法国举国上下放长假的日子，上至公司总裁，下至平民百姓，都选择这一时间在海滨、森林、山区度假。度假的内容其实也很简单，就是去晒太阳；每个海滨浴场都人满为患，一片肉色。

在法国，农民朴素的特性仍能在人们的性格中反映出来。他们喜欢度假，会毫不吝惜地把一年辛辛苦苦工作积存下来的钱在假期中花光，且任何劝诱都不会使他们错过或推迟假期。所以，你别妄想在你的法国买家休假时找回他，或是请示一些问题。一定要在休假前把该问的都问了，否则你只能把所有的问题都自己扛。法国人民太懂得生活与享受了，更了解休息与工作的关系，在他们看来，休假是神圣不可侵犯的。他们起码将工作与休假同等对待，甚至认为休假比工作还重要。

（7）德国

德国是高度发达的资本主义国家，其社会保障制度完善，国民具有很高的生活水平。其在基础科学与应用研究方面十分发达，以理学、工程技术而闻名的科研机构和发达的职业教育支撑了德国的科学技术和经济发展。以汽车和精密机床为代表的高端制造业，也是德国的重要象征。德国是欧盟人口最多的国家，每平方公里人口密度为 226 人，是欧洲人口最稠密的国家之一。

德国人非常注重规则和纪律，干什么都十分认真。凡是有明文规定的，德国人都会自觉遵守；凡是明确禁止的，德国人绝不会去碰它。在一些人的眼中，许多情况下，德国人近乎呆板，缺乏灵活性，甚至有点儿不通人情。

德国人很讲究清洁和整齐，不仅注意保持自己生活的小环境的清洁和整齐，而且也十分重视大环境的清洁和整齐。在德国，无论是公园、街道，还是影剧院或者其他公共场合，到处都收拾得干干净净，整整齐齐。

德国人多喜欢清静的生活，除特殊场合外，不大喜欢喧闹。比方说，许多人虽在城里上班，但他们却把家安在乡村或者城市附近的小镇，图的就是一个清静。就连那些住在城里的人也十分注意住宅周围的无噪声污染。

（8）加拿大

加拿大也是高度发达的资本主义国家。得益于丰富的自然资源和高度发达的科技，其也是世界上拥有最高生活品质、社会最富裕、经济最发达的国家之一。加拿大是典型的英法双语国家。

加拿大是典型的移民国家，而且由于人口稀少，人口数和民族构成每一年都在不断变化中。加拿大人生活习性包含着英、法、美三国人的综合特点。他们既有英国人那种含蓄，又有法国人那种明朗，还有美国人那种无拘无束的特点。他们热情好客、待人诚恳。他们喜欢现代艺术，酷爱体育运动，尤其是冬季冰雪运动。

（9）以色列

以色列为犹太人的国家，也是世界上唯一一个以犹太人为主体民族的国家。以色列是世界主要宗教犹太教、伊斯兰教和基督教的发源地。疆域虽小，但经济发达而繁荣。以色列没有很多自然资源，主要的资源是人。以色列政府深知这一点，一向把大笔资金投到教育、科研和发展中，以此作为国策。以色列工业化程度较高，总体经济实力较强。除此之外，以色列也是中东地区经济发展程度、商业自由程度、新闻自由程度和整体人类发展指数最高的国家。以色列执行上述政策已结出累累硕果，今天已在农业技术、电信、医疗设备、环境保护技术、电脑软件、安全系统、生物技术等科技领域确立了领先的地位。以色列的公司均属中等规模，经营灵活，能使产品系统很快适应中国的市场。

犹太人占比全球人口不到 0.25%，但是却获得了全球 27%的诺贝尔奖，诺贝尔奖获得概率远高于其他各个民族，概率是全球平均水平的 108 倍。

（10）澳大利亚

澳大利亚地域广阔，大部分都是英国后裔，因此生活习惯也受英国人的影响，性格相对内向，私事都喜欢自己安排，忌讳他人干预。

澳大利亚人特别重视人与人之间的平等。讲究礼尚往来，互不歧视。他们认为谁也不比别人优越，谁也不能藐视别人，人们只有分工的不同，都是相互服务的，不应存在高低贵贱之分，理应相互尊重，强调友谊。他们善于往来，并喜欢和陌生人交谈。他们的言谈话语极为重视礼貌，文明用语不绝于耳，口头语言文雅。他们很注重礼貌修养，谈话总习惯轻声细语，很少大声喧哗。

（11）印度尼西亚

印度尼西亚又称印尼，由约 17508 个岛屿组成，是全世界最大的群岛国家，疆域横跨亚洲及大洋洲，别称"千岛之国"，也是多火山、多地震的国家，首都为雅加达。人口超过 2.48 亿人（2013 年），仅次于中国、印度、美国，居世界第四位。印度尼西亚人大多信奉伊斯兰教，还有一些人信奉基督教和天主教。

印尼人一个显著的特点就是重深交，讲旧情，老朋友在一起可以推心置腹，若是一般交情的商人客户或朋友，虽然也客客气气，甚至谈得相当投机，那也只能是形式上的事，真正的心里话是不轻易掏出来的。所以与印尼人交往，一两次见面是不能对他抱太大的希望的。要着眼于将来，应把印尼商人当作你的朋友，充分体现出你的真诚，才能获得他的信赖。

本文列举以上几个国家的概况及特点，对其余国家，建议买家自行搜集和整理。

2. 年龄层

国外买家的网购年龄与国内相差不大，大多都是 20 ~ 40 岁的中青年。但是，由于国外青少年相对独立，而且有一定经济能力，所以他们十几岁就已开始网购，这部分人群相对国内同龄人群会多一些。另外，由于国外买家网购历史较国内长，所以 45 岁以上网购的人群相比国内而言，数量也会更多。

3. 思维方式

西方人太强调个性和个体，强调个体就会缺乏包容性。西方人的思维方式是由微观到宏观，与以个体为中心的思维方式相适应的。西方人用西方的思维方式创立了现代科学和现代资本主义制度，推动了人类科技飞速发展。个人利益最大化和自由竞争是现代资本主义制度的两块基石。西方人由微观到宏观的思维方式造成了宏观把握能力欠缺，西方文明主导下的发展始终重复着一种模式，就是发展—修正—再发展—再修正。

2.2　客服沟通工具侧重不同

2.2.1　淘宝

1．旺旺沟通

在淘宝购物中，买家习惯用旺旺与卖家进行沟通。而且，淘宝引导买家下载并使用旺旺与卖家进行沟通和确认订单信息，并认可旺旺聊天记录。当订单出现分歧时，买卖双方可以用旺旺聊天记录作为举证。卖家擅长利用旺旺与买家进行互动以及营销。国内卖家对旺旺的使用目前已达到炉火纯青的境界。作为淘宝买家的一员，大部分情况下，当我们点击卖家旺旺时，问题还未发出，买家就已将店铺营销信息发至你的窗口。当我们做针对性的提问时，卖家能很专业并迅速地解决需求或引导买家，然后将具体信息反馈给你。

2．电话和短信使用频繁

由于国内通信的及时性与便利性，淘宝卖家客服会通过系统短信等告知买家订单实时进展情况。当订单出现问题时，卖家也习惯于通过电话及时与买家取得联系。

3．较少使用邮件及站内信

因国内买家使用邮件较少，所以淘宝卖家客服很少通过邮件与买家进行沟通。因旺旺、电话的便利性，很少的卖家会使用站内信与买家沟通，而且国内买家也很少会去关注站内信。

4．极少使用微博、微信等社交网站来直接与买家沟通

由于旺旺、电话足以满足卖家与买家的沟通，所以卖家几乎不需要通过其他渠道与买家沟通。

2.2.2　速卖通

1．以站内信或订单留言为主

速卖通平台的卖家与买家的沟通主要以站内信和订单留言为主。买家也习惯通过这两个渠道来联系卖家，确认订单或产品信息。订单留言和站内信也是平台鼓励买卖

双方沟通的渠道，当订单发生纠纷时，站内信和订单留言沟通记录的截图可以成为有效的举证。买卖双方关于订单的沟通都放在订单留言里完成，一方面，可减少买卖双方沟通渠道的选择，避免错失重要信息；另一方面，订单留言是纠纷判责中参考证据的重要组成部分，可保证订单沟通信息的完整。

2．邮件为辅

众所周知，国外有使用邮件的习惯，他们习惯于通过邮件来与各方进行沟通，无论是在工作中还是与亲人联系，都习惯用邮件来完成。所以，卖家客服也有通过邮件与买家联系，发推广信、发营销邮件、节假日祝福或通知邮件。但是，若涉及订单确认事宜，建议卖家在订单留言和站内信与买家沟通。原因在于，如果订单发生纠纷，平台是不认可邮件沟通记录的。对买家发推广邮件时需注意频率和技巧，否则极容易被买家拉到邮箱黑名单。目前，平台已允许买家不提供邮箱，为避免骚扰很多买家，已设置不提供邮件地址，因而通过邮件沟通的情况会相对减少。

3．电话和短信

由于费用与时差原因，电话和短信在跨境购物上使用相对较少。当遇到需要买家紧急确认的事情，或者订单金额相对较大的买家，卖家也会通过电话等通信工具与买家联系。但是，卖家务必注意时差，沟通内容涉及确认信息需引导买家在订单中留言，再次书面确认。

4．较少使用旺旺

国外买家极少通过旺旺与卖家进行沟通，主要原因有以下 3 点。

（1）对旺旺不熟悉

国外买家对旺旺这个及时聊天工具比较陌生，甚至不知道旺旺的作用，更不懂如何使用旺旺，因而很少有买家通过旺旺与卖家联系，除非是对旺旺有一定了解的买家。

（2）网络版旺旺不稳定，而且信息不能保留

目前买家点击旺旺联系卖家时，弹出的是网络版旺旺，具有不稳定性。此外，由于是跨境购物，国际网络也有一定的不稳定性，所以这导致更多的买家不愿意使用旺旺来与卖家沟通。另外，网络版的聊天内容是无法保留的，所以买卖双方无法保存双方确认的信息。

（3）旺旺需要下载

对需要下载的内容，全球买家都有一个共识，不轻易下载使用，担心有各种网络威胁。所以，这也是旺旺下载率很低的一个原因。

5. 使用 SNS 与买家进行沟通

国外买家习惯使用 SNS，部分卖家还会选择通过海外社交网站找到买家，与买家沟通订单事宜或者做营销，国外常见的 SNS 工具有 Facebook、VK、Twitter、What's App、Pinterest 等。

2.3　客服回复时效要求不同

2.3.1　淘宝回复时效要求

1. 旺旺回复要求及时

国内淘宝一般要求卖家必须及时回复旺旺，希望卖家对自己的需求能第一时间处理，因而国内买家对卖家的回复期待值很高。同时，专业的卖家在旺旺沟通中对客服的要求不仅要尽力做到及时回复，还会争取成为最后一个发出消息的，所以无论买家发出任何消息，卖家都会尽可能回复，从而成为结束对话的一方。

2. 客服有轮班工作

国内淘宝售前客服大部分都有轮班工作的情况，主要是为了抓住买家需求，并及时解决买家疑惑。同时，淘宝也有考核卖家服务项，卖家是否及时回复是买家考核卖家服务的重要参考。

2.3.2　速卖通回复时效

1. 站内信和订单留言一般 24 小时内回复

在速卖通上虽然未明确要求卖家必须在多长时间内回复买家，但普遍建议大家在 24 小时内回复买家。这对提升卖家服务，以及买家购物体验大有益处。

2. 客服不需要轮班

由于国外买家跨境购物经验丰富，且理解买卖双方存在时差问题，所以对卖家回复的速度没有国内买家的要求那么高，因而速卖通卖家一般不需要轮班。当然，倘若卖家对买家每次询问都可以做到第一时间答复，买家也许会受宠若惊。速卖通卖家可以通过速卖通卖家手机 App 来及时回复买家订单留言和站内信。

2.4　小结

虽然跨境电商客服惯例与国内客服惯例有诸多不同，但卖家只要秉承认真负责、诚信专业地提供服务，相信做好跨境电商客服也并非难事。由于买家的复杂性，建议卖家从各方面去了解海外买家的习惯，从而提供更具针对性和更优质的服务。

第 3 章

客服工作的思路与技巧

本章要点：

- 跨境电商客服工作的思路与技巧总结
- 相关思路、技巧的回复案例与分析

在本书的前两章分别讨论了跨境电商中，客服人员应该做什么（客服的工作范畴），如何考核客服的工作效果（客服的工作目标），以及在跨境零售电商的语境下，如何顺利开展客服工作。

在确认了上述客服工作的核心基本理念之后，本章对客服工作的核心思路与技巧展开讨论，内容包括"情绪引导"、"谈判技巧"，以及"语言上的注意事项"等方面。

在每一节的理论之后，我们都会列出一些案例，将案例与理论结合分析，最终帮助每一位读者高效清晰地掌握我们所提出的相关思路与技巧，并能运用到实际操作中。

3.1　做谈判的主导，控制客户对事件的认知与情绪

作为商务谈判的一种，跨境电商客服工作在开展伊始就需要将"引导客户的情绪"作为一个重要的原则与技巧。

3.1.1　客户联系卖家时的一般情况

正如本书第 2 章中所提到的，一般情况下，跨境电商的客户在下单购买之前是不会与卖家进行联系的。这就是我们所谓的"静默式下单"（除非买家正在购买的是一个技术型产品，或者需要进行批发式的购买。对这种特殊情况，买家下单前联系卖家是为了就一些特殊的批发条款或技术指标进行确认。）

也就是说，大部分联系卖家的客户邮件或留言都是在售后出现的。一般情况下，买家在售后发起联系，往往是因为所购买的产品出现了问题，或是订单本身在完成的过程中出现了障碍。例如货不对板、产品瑕疵、运输不能及时完成等。这是跨境电商与国内零售电商的一个巨大不同（国内零售电商客服的工作往往集中在售前。客户在下单前，会与卖家就是否有货、是否能够提供折扣、物流方式与时间等一系列细节进行下单前的交流）。

这就意味着，在跨境零售电商中，当客户联系我们时，往往是带着问题来的，通常怀着不满与抱怨的情绪。另一方面，由于物流路径长、客户等待时间久，以及语言与文化的隔阂，进一步加深了客户的不满与抱怨。这直接导致在实际操作中，许多客户缺乏与卖家沟通的耐心，不愿相信卖家的解释。也就是为什么这么多年来许多跨境电商的经营者普遍认为客服工作是一项让人头疼又非常麻烦的工作。

3.1.2 如何做谈判的主导，引导客户的情绪

针对以上提出的问题，我们需要一系列的技巧，确保在谈判开始时，就处处设法引导客户的情绪，为后面的双向沟通与问题解决打好基础。

1. 淡化事件的严重性，保障问题顺利解决，先给买家吃定心丸

在管理与培训客服团队的过程中，我们往往会强调换位思考、推己及人的重要性。

试想：当我们作为一个跨境零售电商的买家从一个并不那么熟悉的国家购买了一件产品，经过少则一周、多则数周的等待，如果我们发现物流不能及时妥投，或者收到的产品出现了无法解决的问题，相信我们的心情也会充满沮丧与不满。

在跨境电商中，买家作为不专业的一方，不熟悉复杂的国际物流，可能也很难清晰地理解某些中国卖家所写出的不清楚的产品英文说明。因此，当出现问题时，买家普遍会感到问题很棘手，并容易出现焦躁心态。这是非常正常的。

针对这种情况，卖家首先需要做到的就是在沟通的每一个环节，特别是在与买家第一次的接触中，就要想法淡化事件的严重性，在第一时间向客户保证能够帮助客户顺利解决问题。这就是所谓的"先给买家吃定心丸"的技巧。这一点在后面的案例与回复文档中会有清晰的体现。

2. 向买家展示永远感恩的态度

在欧美文化背景下，"感恩"一直是欧美社会普遍认可的一种美德。美国、加拿大、希腊、埃及等国各自的"感恩节"就是这种社会认知的集中体现。我们的销量、利润，甚至我们的事业，都来自我们的买家。换言之，客户就是我们的衣食父母。因此，我们理应对客户怀着感恩的态度。

在实际的客服工作中，从每一个字里行间的细节里向客户呈现这样一种感恩的态度，对顺利解决投诉或其他问题，说服客户接受我们提出的解决方案，甚至降低我们解决问题的成本，都是非常有效的。

3. 用专业的角度解决问题

在前面我们提到过，在跨境电商的实现过程中，我们的客户往往不专业或缺乏相关的知识。这恰恰要求卖家在帮助客户解决问题的过程中，需要从更专业的角度来解决问题。

一方面，在解释问题发生的原因时，我们需要清楚明了地向客户解释问题产生的真实原因；另一方面，针对无论是物流还是产品中涉及的一些专业术语或行业专用的概念，我们需要适当地简化，用通俗易懂的方式简洁地向客户进行说明；再者，在提出解决方案时，我们需要基于对问题产生的真实原因，提出负责而有效的解决方案（而不是拿一些搪塞的说法，来拖延问题的处理时间）。

从长远来看，客户就所遇到的问题提出投诉，对卖家非但不是坏事，而且当问题能够得到顺利且彻底地解决时，能够有效地增加客户对卖家的信任感，进而形成客户黏性。

也就是说，在心态上，卖家应当把每一次客户反映的问题都当作展示自己专业能力的一个机会，用专业的方法与态度来解决问题，将偶然下单的客户转化为自己的长期客户。

4．最后一次的邮件回复一定来自我们

在与客户的沟通过程中，绝大部分情况下，我们都使用电子邮件、站内信或者订单留言的方式。

从商务礼仪的角度讲，作为卖家，双方文字沟通过程中的最后一封邮件理应由我们来发出。这对增加客户对卖家的好感有一定的积极作用。

另外，从技术的角度讲，许多跨境电商平台都会在后台系统中做出一个自动设置，来扫描我们所有站内信或订单留言的平均回复时间。平均回复时间越短，时效越高，从一个细微的侧面也能反映出卖家的服务水平。

但是在实际操作中，卖家往往会遇到这种情况：经过沟通后，卖家顺利帮助客户解决了问题，而客户往往会回复一封简单的例如"thanks"或"OK"的信息。许多卖家在操作时不甚精细，这种邮件可能就不做任何回复了。但正如刚才所讲，由于各个跨境电商平台的后台系统无法真正识别买家发出的信息内容是否需要回复，这些简短的买家信息如果没有得到及时回复，仍可能影响系统对"卖家回复信息时效"的判断。长期来讲，对卖家是没有好处的。

因此，我们往往要求我们的客服人员做到，无论在何种情况下，与客户进行的互动中，最后一封邮件一定出自我们。这既是出于礼貌，也是出于技术角度的考虑。

3.1.3　上述思路的案例与分析

案例描述：在本例中，客户向我们反映当她收到产品时，产品有明显被打开的痕迹，外包装及内部的销售包装是破损的。

案例回复示例与分析：

Dear Friend,

Thanks for shopping with us!

Really sorry to hear that and surely we will help you solve this problem.

（在邮件的开头展示感恩的心态，并明确地表明我们将会帮客户解决问题，以便安抚客户，让客户有耐心，继续看我们下面提出的解释与方案。）

You know, when parcels are sent to the Customs, it will be opened to finish the "Customs Inspection".That's be the reason why your parcel opened and the retail package damaged.

（通过向客户解释当包裹通过海关时有可能面临开包查验，为包装的破损找到合理的原因。）

As sellers, we really don't want to give you an unpleasant shopping experience.

Thus, if you need, we would like to resend you a new retail package. And you don't have to afford extra shipping cost.

What's your opinion?

Sincerely apologize for causing you any inconvenience.

And thanks for your kindness and tolerance for this problem.

（再次向客户致以歉意，并感谢客户理解与宽容。）

Looking forward to hearing from you.

Yours sincerely

XXX

3.2　坚持我们承担责任，第三方承担错误

3.2.1　什么是"责任"与"错误"

在一般的语境下，犯"错误"的一方往往需要来承担"责任"。但为了说明我们这一沟通技巧，我们在本章的语境下为"责任"与"错误"做一个临时的区分与定义。

"错误"是出现问题的原因，指的是有一方做出了不符合正常规则或流程的事情，导致交易实现过程中出现了不良的后果。

"责任"是问题的解决方案，指的是一方为了解决问题，勇于"承担责任"，做出某些措施或提出某些方案，来解决问题。

3.2.2　为什么需要"第三方承担错误"而"卖家承担责任"

在谈判中，简单地承认错误并直接提出退款、重发等解决方案，往往让客人感觉卖家是不够专业的。举个例子，仍用我们之前所提到的"推己及人"的方法来想象一下，如果我们是客户，当我们经过了几周甚至一个月的等待，收到产品后发现虽然下单了两件产品，可是收到的包裹中只有一件，这时我们会是怎样一种心情？如果此时卖家简单地承认，是他们在发货时出现了错误，由于疏忽漏发了产品，那么就算卖家愿意免费重发漏下的另一件，作为客户，我们是否愿意再等第二个三十天呢？

1. 寻找合适的解释理由

对这种情况，面对客户的投诉时，我们需要为客户找到一个合理的能够接受的理由，并且这个理由最好是由第三方（卖家和买家之外）或者是不可抗力引起的。从照顾买家心理的角度出发，一个合理的理由可以让客户更容易接受我们提出的善意的解决方案，快速地解决纠纷和争议。

2. 真诚地承担问题的责任

需要注意的是，我们为买家寻找一个合理的理由（无论这个理由是否真实），并不是说我们不去承担责任，只是为了让买家能够更容易地接受我们提出的方案，我们的出发点一定是为了服务客户。

也就是说，把错误合理地推诿到第三方身上，并表明"即使错误不在我们，我们仍然愿意为顾客解决问题"，往往更能平息买家的怒气，使其更顺利地接受我们的方案。

从长远来讲，只有卖家把客户当作自己的朋友，以诚意相待，以最快捷、最彻底的方式帮助客户解决问题，才有可能在一次次的实践中积累客户对我们的信任。在多年的电商实操过程中，我们清晰地感受到，出现问题对卖家来讲并不是一件坏事情。俗话说"不打不相识"，有了矛盾不要紧，只要我们能够让客户感受到我们的诚意，完美地为他们解决一个又一个的问题，这些客户就更容易成为我们的长期客户。这种买卖双方的经历和感情更弥足珍贵。

3.2.3　上述思路的案例与分析

为了充分说明"我们承担责任，第三方承担错误" 这一沟通技巧，下面介绍两个比较常见的例子。

1. 实例一

客户在收到货物后，投诉货物损坏，或电子产品接触不良，我们的回应：

> Dear my friend!
>
> We feel so sorry to hear this information!
>
> Don't worry, surely we will try our best to help you solve all problems you met.
>
> 不要担心，您所遇到的问题我们一定会完美解决。（先吃定心丸，让客户坚持看完邮件。）
>
> Although we checked every item before sending, it's still possible to be damaged by crash or jolt on the post way. You know, some times the postmen just throw parcels down from truck.
>
> 虽然我们在发货前仔细对每个产品进行质检，但是物品仍然有可能在邮寄途中遭遇撞击或颠簸。你知道的，有时候快递小哥会直接把包裹从卡车上扔下来。（这时，我们已经在尝试为产品损坏这一问题寻找一个可能的合理解释。虽然在实际操作中，我们很难确认这种损坏是在发货前就已经存在，还是确实是在路途上出现的。

但是，从客户接受度的角度来考虑，显然，客户更容易接受第二种理由。）

So, to help you solve this problem, shall we resend you a new one?

所以，为帮助你解决这个问题，我们是否可以免费为你发送一个新的替代品呢？（这时候提供重发或者退换服务，让客人再等十多天，客户也更容易接受。）

2. 实例二

客户投诉多件货物部分漏发，或者成套产品零件缺失。在下面的例子中，客户购买了两件产品，但只收到了其中一件。我们的回应如下：

We just carefully checked our "warehouse sending memo" and confirmed that on Sep-15, we did send out 2 pcs of these products to your address. **You know, for security reasons, all Countries' Customs would randomly choose some imported parcels and open them to do "Customs Inspection". Sometimes, some small parts would be lost in this procedure.** Maybe that's the problem your parcel met.

我们刚刚仔细查阅了我们的"仓库发货清单"，确认在 9 月 15 日我们准确发给你订单的两件产品。**你知道，出于安全考虑，各国海关都会随机抽取进口包裹进行开袋海关查验，在这个过程中，某些包裹中的小部件或者货物就会有丢失的可能。也许这就是你的包裹遇到的问题。**（在这一段中，我们尝试为包裹中缺失的部分产品寻找一个可能的第三方的理由，为我们后面即将提出的解决方案做下伏笔。另一方面，我们在语言的运用上比较倾向于使用"可能"、"也许"等揣测性词汇，不把话说死，防止遇到一些比较认真的客人追究细节。）

However, as we said before, we still would like to you help you solve the problem. If you accept, we will resend you a new one with totally free.

What's your opinion?

但是，正如我们之前提到的，我们仍然愿意为您解决问题。如果您同意，我们将会免费为您重发一件相同的产品。您的意见呢？（在寻找到合理的第三方原因后，再提出解决方案。两件产品漏发一件，如果仅承认漏发并提供补发，客户很可能不愿意再等而要求退款；将错误转出去，可以平息客人怒气，增加同意补发的可能。）

在以上两个例子中需要大家注意的是，即使在提出解决方案前，我们为客户寻找了一些第三方的原因。不论这些原因的真假，我们提出的解决方案都是真诚而有效的。也就是说，我们所涉及的所有谈判与沟通技巧都是基于我们真诚地为客户解决问题的初衷，而绝不是为了哄骗我们的客户，更不是为了逃避责任，以达到一些并不值得鼓励的目的。这也是我们需要再次强调的。

3.3 解决方案由卖家积极提供，让买家有选择

3.3.1 为什么要由卖家提供解决方案

1. 方案应由卖家主动提供，而不是买家提出

在与大量的国内外客服工作人员的接触过程中我们发现，在遇到问题时，新手客服的工作态度往往非常被动。最常见的情况就是，出了问题后，卖家不是主动为客户寻找解决方案，而是往往顺口就问一句"那你认为怎么办好呢？" 这是一种非常不专业的做法，会给客户留下满不在乎、缺乏专业素养的不良印象，为后面问题的解决增加了困难。另一方面，由于跨境电商中的客户对这个行业并不了解，缺乏必要的专业知识，因此，由客户提出的解决方案，往往对卖家而言都是执行困难且成本较高的。

因此我们说，在出现问题的第一时间，卖家积极地提出解决方案，既能给买家留下专业、负责任的印象，又能够最大限度地降低处理问题的成本和难度。

2. 尽量提供多个方案（至少 2 个），供买家备选

在为买家提供解决方案时，我们建议一次性尽量提供 2 个或两个以上的解决方案。这样做的好处在于，一方面，多个方案给买家备选，让买家能够充分体会到我们对他的尊重，使买家更有安全感；另一方面，提供一个主推解决方案，加上一到两个备选方案，也可以防止在客户不接受我们的主推方案时，单方面向平台提起纠纷或是给我们留下差评。

3.3.2 上述思路的案例与分析

在以下例子中，当客户提出关于未收到货物的质询时，我们充分考虑到上述思路与技巧，在提出合理解释后，在第一时间尽可能多地为客户提供不止一个解决方案。

下面以实例形式进行说明。

客户提出询问：包裹寄出 10 天还未收到，但是还没有超过卖家的承诺运达时间，我们的回复是：

> As we mentioned in item's page, it will take 7 to 20 business days to your country.
>
> International shipping requires more complicated logistic procedures, that make the post time between two Countries always longer than domestic shipping.
>
> Thank you so much for your understanding about this matter!
>
> 正如我们在产品页面中提到的，货物要 7 到 20 个工作日到达您所在的国家。国际运输需要更繁复的物流步骤，这使得两国间的邮递时间总是长于本国邮递。（先做解释，明确告诉客户现在一切都是正常的。）
>
> Now since the parcel's shipping time has been only 10 days which is still in normal time and procedures, there's no need to worry about the parcel's lost. Also we will keep watching your parcel's post status.
>
> 现在既然包裹的运输时间只有 10 天，仍在正常时间与步骤内，您就没有必要担心。我们也将继续关注您的邮递状态。（实际上，这是为客户提供了第一个选择："继续等待"，而这一方案现在来看仍是合理的。）
>
> On the other hand, if you haven't received your item until the 20th working day, or whenever you don't want to wait any longer, please do contact us.
>
> We will help you refund all money and cancel the delivery.
>
> 另一方面，如果您到了第二十个工作日还没有收到包裹，或者在任何时间您不想再等了，请务必联系我们。我们将帮您安排退回全款并取消包裹的投递。（提供第二和第三个选择：到承诺收货时间超期时仍未收到，我们可以安排退款；或者客户随时可以要求取消投递 。按照一般经验，客户在知道最坏情况下仍有保障时，更容易对我们的国际运输给予更多的耐心与理解。）

3.4 尽量为客户提供可信赖的数据与证据

3.4.1 什么是"可信赖的数据与证据"

之前我们多次提到过，为客户设身处地的着想。由于距离远、流程多，加之语言的不同与文化差异的障碍，我们的客户在跨境购物过程中，必然容易对卖家产生诸多不信任与怀疑。所以，无论是回答买家的咨询提问，还是在售后中应对客户提出的投诉与问题，我们应当尽量提供可以让客户"看得见、摸得着"的数据与证据。

例如，对产品来讲，可信赖的证据往往指的是产品的细节图片、详尽的使用说明，或者是卖家为了说明产品的技术细节而为客户特别拍摄的短片视频等。

对物流方面的问题而言，"可信赖的数据与证据"往往指的是可以追踪的包裹单号、追踪网址（特别是买家所在国的本土包裹追踪网站）、最新的物流信息等。

3.4.2 向客户提供"数据与证据"时的注意事项

1. 物流信息务必完整

针对物流这一问题，当回答买家所购产品的包裹邮寄咨询时，必须同时提供以下三个信息要点：

- 可跟踪的包裹单号；
- 可以追踪到包裹信息的网站；
- 最新的追踪信息。

以上三点缺一不可。只有当这三点信息同时存在时，对买家而言，他才可以找到对应的网站，并查询到真实、可靠的信息。这对增加买家的信任，让买家对日后的国际包裹运输时间持有信心是非常重要的。

2. 国外买家更信任来自本土网站提供的信息

之前提到过，在针对国际物流的相关信息中，"追踪网站"是非常重要的。特别是对国外买家而言，如果能够提供买家所在国的本土追踪网站，并且能够找到客户母语所展示的追踪信息，这对增加买家对卖家的信任有极大的帮助。

　　还是用之前的方法，假设我们是一名跨境电商的买家，购买了远在斯里兰卡的在线销售者的产品。有一天，我们发现卖家寄出的包裹已经可以在中国邮政的网站上看到详细的中文信息时，我们对此次交易的信心和信任感是否会倍增呢？

　　为了方便我们的卖家，考虑到很多卖家使用中国邮政（或香港邮政、新加坡邮政）的挂号包裹服务发寄货物，我们在此汇集了一些常用国家的邮政包裹到达目的国后，由当地邮政提供追踪信息的网站：

中国邮政：http://intmail.183.com.cn/zdxt/yjcx/#

香港小包　http://app3.hongkongpost.com/CGI/mt/enquiry.jsp

俄罗斯　http://www.russianpost.ru/tracking20/English.htm（英语）

　　　　http://www.russianpost.ru/tracking20/Index.htm　（俄语）

巴西：http://www.correios.com.br/

美国　https://www.usps.com/

西班牙　http://www.correos.es/comun/Localizador/track.asp

意大利　http://www.poste.it/

加拿大　http://www.canadapost.ca

德国　http://www.dhl.de/en.html

希腊　http://www.elta.gr/en-us/personal/tracktrace.aspx

克罗地亚：http://ips.posta.hr/

瑞典　http://www.posten.se/sv/Sidor/home.aspx

丹麦　http://www.postdanmark.dk/da/Sider/Post-Danmark.aspx

爱尔兰　http://track.anpost.ie

（注：以上地址在 2015 年中旬时查询验证全部有效，但由于各国邮政网站改版建设，各国追踪邮件的地址也可能在日后不断更新。）

　　另外，为了在物流方面为我们的客户提供更专业、更细致的服务，我们的客服人员需要深入了解跨境电商所涉及的所有物流渠道与细节流程。相关内容在《跨境电商物流》一书中有详细的阐述。

3. 专业数据需要提供平实易懂的解释

无论是关于产品的技术细节，还是关于跨境电商物流中的各个环节，凡是涉及专业的数据或概念时，我们的客服人员都应该在提供客观数据后，进一步对技术细节和专业数据进行通俗化的解释。这样做可以方便零售端的客户更清晰地理解我们所提供的信息，增加对我们的信任。

3.4.3 上述思路的案例与分析

1. 实例一

客户咨询中最常见的一种："我的包裹在哪里呢？"，我们的惯用回复是：

> You can track you parcel's tracking number （LN460113734CN） on this page:
>
> www.usps.com
>
> Now the newest information is :
>
> " 9/23/2014 2:04:00 PM　　　Arrived at USPS Facility, September 23, 2014, 2:04 pm, SAN FRANCISCO, CA 94128
>
> 9/22/2014 8:13:00 PM　Processed Through Sort Facility, September 22, 2014, 8:13 pm, ISC SAN FRANCISCO （USPS）"
>
> 这一段内容提供了以下三条信息：
>
> - 追踪网站地址（展示的语种务必是英语或是客户母语的）；
>
> - 追踪单号；
>
> - 最新的追踪信息。
>
> 三条信息都提供后既有说服力，同时也方便客户验证。而且对客服人员来说，这些信息基本上都是通过"复制/粘贴"的工作方式来提供给客户，工作量也很小。

2. 实例二

当我们为客户提供物流信息时，涉及一些客户不常接触的概念，这时我们需要配以简单通俗的解释，回复模板通常如下：

Now the newest information is :

" RA470026323CN

Departure from outward office of exchange, Apr 23, 2012 3:09:00 PM, BEIJING"

（追踪信息有了，但是客户常会困惑于这句 "Departure from outward office of exchange"。是什么意思呢？所以我们配以下面这样一个解释）：

That means: on Apr-23, the parcel passed the China Customs and arranged cargo flight to your Country.

这意味着，您的包裹于 4 月 23 日通过了中国海关，并被安排了发往贵国的航班排期。

（简单解释，把邮政系统中使用的专业说法简单化，是不是让客人放心很多呢？）

3. 实例三

一种常见的情况是，由于某些国家的海关政策比较严格，或是当地邮政的派送比较低效，当包裹已经到了目的国时，往往需要通知客户，让客户联系邮政来加速清关派送。请参见我们的回复与分析：

Dear friend!

We are aglad to tell you that actually your parcel have arrived at your Country on Sep-28.

Your tracking number is RA250500415CN, and now you can track it on Russian Post website:

http://www.russianpost.ru/

亲爱的朋友，很高兴告诉您，你的包裹在 9 月 28 日已经到达俄罗斯，你可以在俄罗斯邮政网站上直接查询。（当包裹到达目的国后，即使仍有可能需要花费较长的时间才能派送，但是对买家而言已经可以相对放心了。所以在这个阶段，我们就要尽量向积极乐观的方向去引导买家的情绪，以鼓励买家去联系当地邮政，加速完成清关、派送。）

The newest information from Russian post is:

2014-09-30 21:22   Mr Lc Vnukovo cex-1 102976, Import of international mail, Ufa, Bashkortostan resp. 450005

2014-09-28 01:59   Moskva PCI-7 104007, Processing, Arrived to Russian Federation"

提供本土查询信息（如果直接提供俄语查询结果更好。）

Since the parcel have arrived at your Country and now it is being handled by Russian post office, we believe you will receive it very soon.

包裹已经到了您的国家，并由俄罗斯邮政处理中，相信您很快就会收到它。

Thus, is that OK for you to pay a little more time for the post system?

Or, you can also try to contact with your local post office for faster "Customs Clearance" and dispatching.

提醒卖家，如果一直没有收到，可以联系一下俄罗斯邮政。按照一般的经验，如果能让买家主动联系本地邮政，是解决潜在的诸如"清关信息提供"、"缴纳关税"、"投递信息错误"等问题最好最快的方式。

If you need any further help, please feel free to contact us again.

最后习惯性地说一句"欢迎随时联系"，提醒客户联系我们会比找平台闹纠纷更快地解决问题。

3.5　多样化地解答复杂的、技术性的问题

3.5.1　什么是"多样化的回复方式"

在我们的跨境电商销售平台上，有许多优质的产品，无论是在使用、组装还是在后期的维护中，可能会比较复杂。从一般的做法来说，许多卖家会撰写大量的说明性文本。当买家就相关的技术性问题进行咨询时，我们的客服人员可能会不厌其烦地就各种技术参数、使用方法等进行大段描述与解释。

　　但是经过多年的观察我们发现，对复杂的问题而言，说得多并不一定能彻底解决问题。就算是语言基础较好的人员，由于可能对产品或技术不是十分了解，写出的文字往往难以透彻地解释复杂的问题。

　　所以，针对这些问题，找寻一些多样化的沟通方式往往会取得更好的效果。例如，制作"安装流程图"或是拍摄简单的"使用演示录像"，并将这些资料放在网络空间中传递给我们的买家。

3.5.2　多样化回复方式的优点

1．直观有效的解决复杂问题

　　当我们把复杂的语言解释转化为一张张流程图或简单的一个演示视频时，客户必然可以更直观、更高效地了解我们所需要阐述的内容。越是复杂的技术问题，图示往往比文字更有力量。

2．超出客户预期的精细服务，提高满意度

　　在跨境购物过程中，当我们的客户接触到的绝大部分售后服务都是文字形式的，而我们能够提供超出客户预期的更新颖、更快捷的服务方式，就能够有效地提升客户的满意度。

3．具有可重复使用的特点

　　相比于纯文字的服务方式，虽然制作流程图片或是制作演示视频相对来说比较麻烦，但是好处在于，客户提出的较复杂的技术问题往往都是比较有代表性的。也就是说，我们制作一次图例或视频，往往可以在日后的工作中用来解答类似的客户提问，具有"可重复性使用"的特点。所以，针对一些具有代表性的问题，客服人员花费更多的时间给出一些精细解答，往往可以在日后的工作中多次使用，起到事半功倍的效果。

3.5.3　上述思路的案例与分析

　　笔者在多年的跨境电商经营过程中，销售过组装起来比较复杂的一类体育器材。由于该产品的零件细碎，组装复杂，我们的客服人员收到了大量关于如何安装的提问。我们曾经撰写了很多文字来详细描述每一个安装步骤，但是从客户的反馈来看效果并不理想。所以我们做了如下回复：

> Dear friend!
>
> Thanks for your letter!
>
> **We took some photos and made an illustration for you to show how to assemble this product.**

为了向您清晰地说明如何组装这一产品，我们为您拍摄了一些照片，并制作了一个说明图例（见图 3-1）。

Please look at the illustration in the attachment.

If you have any further question, please feel free to connect with us again.

Yous Sincerely

xxx

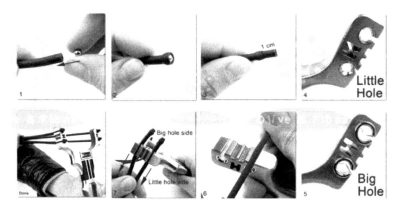

图 3-1　产品安装流程图实例

在这里有了简明清晰的流程说明图示，我们需要撰写的文字部分就可以变得非常简单。

虽然为制作这张组装步骤的图示我们花了不少时间，但是后来很多类似的提问我们都可以使用这两张图进行方便快捷的解答。正所谓举一反三，一劳永逸。

3.6　注意语言相关的沟通技巧

关于跨境电商客服工作思路与技巧的最后一点，我们想简单探讨一下关于语言的一些注意事项。在这里，关于"保持谦和的态度"、"使用礼貌用语"等最常见的语言规范就无须赘述了，笔者将近年来总结的点滴关于语言层面上的一些心得汇总以供参考。

3.6.1　跨境电商常用语言沟通技巧

1. 基本功扎实，避免拼写与语法错误

虽然说跨境电商行业中，并不是每一个岗位都需要具备高超的外语技能，但是对客服岗位而言，熟练掌握最主要客户的语言却是必需的。即使在进入工作岗位后，客服人员也需不断加深对语言的学习，特别需要准确并熟悉地掌握所售产品的专业词汇。

在客服人员的工作态度上，务求扎实肯干、注重细节，尽量避免低级的拼写与语法错误。正确使用客户的母语一方面展示了卖家对客户的尊重，另一方面也可以有效地提高客户对卖家的信任感。

2. 邮件中不要有成段的大写

我们时常会见到这种情况：某些卖家为了在较多的邮件文字中突出展示重点信息（比如促销优惠信息等）而采用成段的大写字母。这样做虽然可以有效地突出重点，让客户一眼就看到卖家所要表达的核心内容，但也会产生一种副作用。

笔者也曾经在某段时间常常采用这种方式与客户进行沟通，有一次收到客户的投诉，内容是"Why you always yell to me？"（你为什么总是对我大喊大叫呢？）。刚刚收到这一反馈时，我们也搞不清客户所要表达的意思。后来通过与这位客户的耐心沟通我们了解到，在英语世界，文本中成段的大写表达的往往是愤怒、暴躁等激动的情绪，是一种缺乏礼貌的书写方式。因此，客服人员需要在日常工作中注意这一细节。

3. 尽量使用结构简单、用词平实的短句

在我们的校园时代，为了在考场上充分展示我们的语言功底和学习状况，我们被鼓励在写作时使用复杂的句式和时态。这种做法在四六级考卷上可以更容易获得高分，但是在与客户的沟通过程中，考虑到方便绝大部分客户的阅读，我们应当尽量鼓励使用结构简单、用词平实的短句。这样可以在最短时间内让我们的客户充分理解我们所要表达的内容。

当前在阿里巴巴速卖通平台上使用最多的语种是英语，但我们的客户来自全球 220 多个国家，其中绝大部分国家的客户并没有使用英语作为自己的母语。很常见的情况是，许多客户仍需通过"谷歌翻译（google translate）"等在线翻译工具来阅读我们的产品页面与邮件。针对这种情况，我们更需要为他们简化我们的书面语言，提高沟通效率。

4. 巧用分段与空行，让客人尽快找到想看到的重点

通过观察许多常人的阅读习惯，我们发现，大部分人在阅读卖家邮件、促销信息等文字资料时，都会采取"跳读"（或曰"略读"）的习惯。所谓跳读（略读），指快速阅读文章以了解其内容大意的阅读方法。换句话说，略读是要求读者有选择地进行阅读，可跳过某些细节，以求抓住文章的大概，从而加快阅读速度。

针对这种情况，客服人员撰写邮件时，需要特别注意按照文章的逻辑将整篇邮件进行自然分段，并在段与段之间添加空行。这样做有利于客户简单地浏览非重要的段落，快速跳至重点信息。

这一技巧一方面可以有效地节省买家的阅读时间，增加买家与卖家的沟通耐心；另一方面，清晰地按逻辑进行分段，可以给客户以专业、有条理的印象，增加客户对卖家的信任感。

3.6.2 上述思路的相关案例与分析

为了说明"巧用分段与空行"这一技巧所带来的阅读上的效果，下面仍以同一封邮件为例，采用不同的分段排版方式给大家做一个演示。

实例：同样是一封用于回复物流信息的邮件。

1. 没有自然分段和换行的效果

> Dear friend!
>
> We are glad to tell you that actually your parcel arrived at your Country on Oct-06. Your tracking number is RA250500415CN, and now you can track it on this website: http://www.track-trace. com/post. The newest information from Australia post is: "RA250500415CN Status: arrival at inward office of exchange, Location: SYDNEY, Time:

2011-09-28" Since the parcel arrived at your Country and now it is being handled by Australian post office, we believe you will get it very soon. Thus, is that OK for you to give a little more time for the post system? Or, you can also try to connect with your local post office for faster "Customs Clearance" and dispatching. If you need any further help, please feel free to connect with us again.

Best regards!

Sincerely

xxx

2. 采用逻辑分段并插入空行的效果

Dear friend!

We are glad to tell you that actually your parcel arrived at your Country on Oct-06.

Your tracking number is RA250500415CN, and now you can track it on this website:

http://www.track-trace.com/post

The newest information from Australia post is :

"RA250500415CN

Status: arrival at inward office of exchange

Location: SYDNEY

Time: 2011-09-28"

Since the parcel arrived at your Country and now it is being handled by Australian post office, we believe you will get it very soon.

Thus, is that OK for you to give a little more time for the post system?

Or, you can also try to connect with your local post office for faster "Customs Clearance" and dispatching.

If you need any further help, please feel free to connect with us again.

Best regards!

Sincerely

Xxx

在这两个例子里，我们可以明显地看到区别。在第一个实例的排版中，所有的文字全部都挤在一个自然段中。在阅读时，读者被迫按顺序一个词一个词地读下来，在阅读之前看不出任何重点。这自然容易使读者感到疲倦和烦躁。

在第二个实例中，我们排版时按照"提供单号——追踪地址——追踪信息——解决方式——结尾"的逻辑结构进行自然分段，并在段与段之间插入清晰的空行。客户在阅读时，可以方便地进行略读，快速跳过非重点信息。在这种情况下，卖家所要表达的重点信息可以高效地传达给客户，而客户的阅读与沟通体验也会得到明显提升。

3.7 小结

在本章中，我们从情绪引导、谈判思路、沟通技巧等角度尝试介绍与探讨了 6 个比较常用的客服工作思路与技巧。我们深知，对跨境电商客服工作而言，有更多宝贵的思路和技巧需要我们进一步挖掘。

本章的意义不仅在于介绍一些从众多卖家处汇总而来的宝贵经验，更重要的是，通过这样的探讨，帮助大家整理出研究客服工作的一个方向。抛砖引玉，希望大家在改进客服工作的探索中取得更多的成果。

第 4 章

客服体系的构建与管理

本章要点：

- 客服团队建设

- 客服团队管理

- 客服团队建设与管理实证研究与思考

前面章节着重从战略角度系统地阐述了有关客服工作的基础理论与思路，包括工作范畴与目标、工作惯例、工作思路与技巧等，下面将着重从战术角度系统阐述有关客服工作的实际操作。随着跨境电商的深度发展，客户服务毫无疑问已经成为当今跨境电商企业在竞争愈来愈烈的买方市场中战胜对手赢得客户的一大法宝，面对经营规模、运营实力、产品特色、技术含量和价格定位等都近乎一致的众多同行业对手，如何建立一套科学而富有特色，并对顾客具有吸引力的客户服务体系显得尤为重要。

跨境电商客户服务体系是跨境电商销售服务企业的重要构成部分，百度百科这样来描述客户服务体系"是由明确的客户服务理念、相对固定的客户服务人员、规范的客户服务内容和流程，每一环节有相关服务品质标准要求；以客户为中心；以提升企业知名度、美誉度和客户忠诚度为目的的企业商业活动的一系列要素构成。"

由此可见，客户服务体系的内容庞大，涉及的环节和内容丰富，但由于篇幅限制，笔者在此仅选取客户服务体系中的一小部分内容作为本章的重点，即客服团队建设与管理。本章作为本书的重点章节，将起到承上启下的作用，其目的是让读者知道客服体系具有系统性和连贯性，而不仅仅是"客服团队建设与管理"，在实际工作过程中要注重全局，不宜片面看待问题。

本章主要从跨境电商人力资源六大模块展开介绍，主要分为两方面，即客服团队建设和客服团队管理，前者包括客服岗位设置与规划、客服岗位职责界定与招聘和客服团队培训与考核定岗；后者包括客服团队绩效考核与管理、客服薪酬福利设计与管理和客服劳务关系管理。在此基础层面上较全方位地展现客服团队建设与管理的各个知识点和操作方法，同时在本章最后加入了笔者对跨境电商客服团队建设与管理的实证研究与思考，以期抛砖引玉，能与读者产生更多的交流碰撞。

4.1　客服团队建设

跨境电商卖家提升客户的消费体验、拥有专业的客服团队是很关键的。如今跨境电商企业的客户服务体系通过建立以客户为中心的售前、售中和售后服务体系，实现对消费者的全程服务。跨境电商客服是用户在网上购物过程中的沟通桥梁，每当用户在线上购物出现疑惑和问题的时候，只有客服的存在才会给用户更好、更完整的购物体验。在与客户的沟通中，客服不仅仅代表自己，更代表整个企业。各跨境电商企业在接待用户、解答用户疑问、处理用户投诉的态度直接决定了用户网购的客户体验及企业形象。

客服团队的建设极其重要，为保证销售业绩稳步增长，客服系统的支持起到了举足轻重的作用，因而建设一支优秀的客服团队势在必行。图 4-1 反映的是客服团队建设的基本流程。

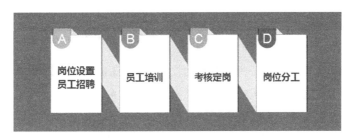

图 4-1　客服团队建设流程图

跨境电商企业大致通过四个环节来开展客服团队建设工作，即岗位设置与员工招聘、员工培训、考核定岗和岗位分工。

4.1.1　客服岗位设置与规划

1．客服岗位设置

一般而言，以客户服务为中心，通常设置的岗位主要为客服主管、销售客服、售后客服和产品管理客服等，各位卖家可以根据自身实际发展需要进行个性化的岗位设置，整体的分工是大同小异的，只不过在精细化程度上存在一定的差异。

2．客服人力资源规划

通过参考相关资料，客服人力资源规划一般而言涉及五个方面，即战略规划、组织规划、制度规划、人员规划和费用规划。

① 战略规划通常是根据总体发展战略的目标，对客服人力资源开发和利用的方针、政策和策略的规定，是与客服相关的人力资源具体计划的核心，是事关客服工作全局的关键性计划。

② 组织规划通常是对客服团队整体框架的设计，主要包括组织信息的采集、处理和应用、组织结构图的绘制、组织调查、诊断和评价、组织设计与调整以及整体组织机构的框架设置等。

③ 制度规划通常是客服人力资源总规划目标实现的重要保证，包括客服人力资源管理制度体系建设的程序，以及客服制度化管理等内容。

④ 人员规划通常是对客服人员总量、构成以及流动的整体规划，包括客服人力资源现状分析、客服定员、客服人员需求和供给预测，以及客服人员供需平衡等。

⑤ 费用规划通常是对客服人工成本以及客服人力资源管理费用的整体规划，包括客服人力资源费用的预算、核算、结算，以及客服人力资源费用控制等。

客服人力资源规划又可分为战略性的长期规划、策略性的中期规划和具体作业性的短期计划，这些规划与组织的其他规划相互协调联系，既受制于其他规划，又为其他规划服务。大家在进行客服人力资源规划时，应注意因地制宜，实事求是，制定符合自身组织实际需要的规划，切记不可生搬硬套，否则为了规划而规划，往往得不偿失。

3. 客服岗位设置与规划范例

一般而言，客服团队主要由客服主管和各职能客服组成，其中职能客服按照所担负的职责不同而进行相应的岗位设置。读者进行岗位设置的时候，与客服人力资源规划的注意事项一样，切不可盲目追求大而全，应该立足自身实际，进行客服岗位的设置，随着自身经营规模的扩大和管理水平的提高，再逐步细化客服岗位。

下面针对部分客服岗位举例说明相应的岗位特点及要求，以供参考，大家可根据自身实际稍作改动，即可成为自身组织的客服岗位职责。

（1）客服主管岗位及要求

① 及时回复客户的订单留言及站内信，处理客户纠纷，解决和减少客户的差评，保持店铺的好评率和良好的信用度。

② 熟悉 ERP 系统的操作，记录工作中遇到的问题，并反馈给上级。

③ 积极保持与其他职能部门同事（如采购、物流等）的有效沟通与联系。

④ 修正商品的库存信息以及其他数据统计工作。

⑤ 统一协调管理其他涉及客户服务事宜。

⑥ 完成上级交代的其他事务性工作。

⑦ 具有客户服务意识、销售和沟通技巧，做事有条理、干脆利落。

⑧ 大学英语四级及以上水平，有较好的英语文字功底。

⑨ 熟练使用 Office 办公软件（Word、Excel、PPT），熟练操作电脑。

⑩ 敏捷思维，性格直爽，开朗大方，具有良好的沟通能力、学习能力以及应变能力。

⑪ 做事细心、耐心，能承受一定的工作压力。

⑫ 性格开朗、主动热情，有团队合作精神和独立工作能力。

⑬ 具有高度的工作责任感和较强的团队意识。

（2）职能客服岗位及要求

① 独立管理阿里巴巴速卖通账号，工作内容主要涉及速卖通销售、产品信息发布、客户沟通、产品售后处理以及推广促销新品等。

② 负责开发新产品，制定产品营销计划。

③ 负责处理客户问题，包括售前咨询、售后维护以及妥善处理各种争议。

④ 负责收集、分析市场情报及竞争对手状况，制定推广计划。

⑤ 完善店铺运营策略，保持店铺的好评率和良好的信用度，制作销售明细报表，进行销售分析。

⑥ 大学英语六级及以上，有一年以上速卖通外贸操作经验者优先。

⑦ 熟练使用 Office 办公软件（Word、Excel、PPT），能熟练运用图片处理软件进行简单的图片处理工作。

⑧ 有团队精神和服务意识，为人诚实守信，做事脚踏实地，有较强的学习能力、应变能力，对在线外贸有浓厚兴趣者优先。

4.1.2　客服岗位职责界定与招聘

1. 客服岗位职责界定

在此，我们将客服的岗位职责进行简化处理，读者可以根据自身实际发展情况酌情增删，比如，在发展初期很可能是一人多岗，随着发展的成熟，会是一岗多人。所以，这里我们从客服所承担的主要功能来看，简化为产品管理客服、销售客服、售后客服和客服主管，其主要分工如图 4-2 所示。当然，实际工作过程中所要担负的具体工作远远不止这些，具体以实际为准，并没有严格的界定。

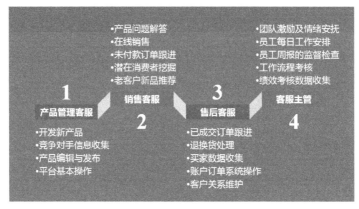

图 4-2　客服岗位及职责

2. 客服招聘

跨境电商客服人员的缺口很大，而且人员流动性也非常大，不少人员是为了积累经验才去当跨境电商客服的，一旦自己学会了便有可能辞职离开，还有一部分初入社会的人员因为暂时找不到更好的工作，便将之作为一个过渡，其心态极不稳定，加之跨境电商客服的工作内容相对而言比较单一甚至枯燥，而且由于网络交易的虚拟性，对文字交流不佳者是一大挑战，这些均是导致跨境电商客服人员不稳定的主要因素。

然而作为通过互联网实现的跨境交易，所有的客户体验指标最关键的便是客服这一环节，虽然对学历的要求不高，但是对敬业的态度、与客户沟通的技巧、操作跨境电商平台以及相关软件的熟练程度要求很高，因此对所招聘的客服首先要求是要能吃苦，其次是要有耐心，只有这样才能处理好交易环节中的各种困难，提升客户体验，从而促成更多的交易，获得更多资料，维护好客户关系，形成一种良性互动。

3. 客服岗位职责界定与招聘文案范例

说起招聘，大家很容易想到在正式招聘之前，需要发布招聘广告，招聘广告涉及很多部分，一个好的招聘广告可以让求职者清晰地知道招聘需求及条件，自己可以对号入座，自行筛选相符的条件，进而决定是否申请职位。

如何起草招聘文案一直是困扰部分卖家的问题，卖家朋友们可以多多参考，结合自身实际情况拟写适合自己的招聘文案。下面是摘取某公司针对客服岗位的招聘文案，内容涉及岗位待遇、岗位职责、岗位晋升和其他信息，供读者参考。

标题：跨境电商外贸客服 6 名
（底薪+绩效提成，综合薪资 2200～8000 元/月）。

岗位职责：

研究跨境电子商务平台特定产品的品类属性，熟悉产品英文关键词，负责产品上架、回复客户询盘、制定产品促销策略、外贸网店基础操作和基础客服等。

任职要求：

① 全日制大专或以上学历，2015 年应届毕业生优先。

② 致力于在外贸行业长期发展，能长期在 XX 地区发展者优先。

③ 对外贸商品感兴趣，品类涉及女装、内衣、服饰配件、运动户外、美容化妆品、家居、箱包、鞋子及孕婴童等中国制造商品。

④ 学习能力强，具有拼搏精神，抗压力，能吃苦。

⑤ 英语优秀者优先。

⑥ 具有勤工俭学经历者优先。

晋升通道：

① 职称晋升：助理业务员—业务员—资深业务员。

② 职务晋升：团队 Leader—主管—经理—运营总监—高级合伙人。

你将获得：

① 区域和行业内很具竞争力的薪酬福利（社保和公积金，单双休）。

② 规范化的职业素养提升和从业经验积累。

③ 良好的培训和晋升通道。

④ 节日福利，不定期聚餐交流，扩展人脉，奠定职业基础。

聘用方式：择优录用，签订正式劳动合同

报名方式：请将个人简历邮件至 phdog@qq.com，文件命名请以此格式为准："姓名+性别+专业+特长"。

报名时间：即日起至 2015 年 3 月 22 日（周日）12:00 截止。

面试时间：电话通知

联系人：Michael 0551-6619****，189****3595

地　　址：XX 省 XX 市 XX

4．客服招聘笔试试题范例

在招聘过程中，为了考查应聘者的综合能力，根据实际情况通常可以设置笔试和面试环节，在笔试过程中主要考查应聘者的基本英语能力，根据考查目的，图 4-3 和图 4-4 为读者提供了一份笔试参考样卷，供大家参考。

跨境电商从业人员综合能力模拟测试

毕业院校：　　专业：　　姓名：　　性别：　　应聘岗位：

第一部分　基础素质考查

1. Describe your qualifications for this job which is related to international E-commerce field

2. Describe your expectation on office cultural atmosphere

3. Describe what kind of benefits you want to get from this job

4. Describe your future career plan

第二部分　业务素质考查

1.材料阅读题

下面英文材料是某款手机的英文参数，请阅读并作答。

Sample I9 NO. 4 Sciphone 4G 4GS HD Quad Band Dual Camera Unlocked Cell Phone AT&T 3.2 Inch Gravity.

Phone Model	I9 4G
Network	GSM850/900/1800/1900MHz
Available Language	English, French, Spanish, Portuguese, Italian, German, Malay, Dutch, Vietnamese, Turkish, Russian, Arabic, Persian, Thai, Greek, Simple Chinese, Swedish
SIM Card	Dual SIM dual standby
TV Function	No
Wi-Fi	No
Bluetooth	Yes
Memory Expansion	Support TF card extension up to 8GB
Memory Upgrade	2GB: additional $5;　4GB: additional $9;　8GB: additional $18; 16GB: additional $30

图 4-3　笔试参考样卷 1

以下是客户关于上述产品的询盘信件，请根据上述材料作答

Hello seller, I show much interest in this phone, please kindly let me know these as follows, thanks

1) I am from USA (unlocked, 850M/1800M/1900M), can this phone use well here?
2) I want to buy some phones which can support TV and Wi-Fi function, do u recommend this phone?
3) Can I resell this phone to Germany? For I have a customer from there regarding to buy a phone with his mother language.
4) Can this phone support 2 SIM cards? And if it can, does it work at the same time?
5) I want to use 16GB TF card to this phone, does this phone support?
6) Does this phone support message threading function?(提示：此问题自行发挥)

It will be much appreciated if you can offer a quick response about all questions above, thanks

John

二、下述是来自客户的投诉信，请以客服的身份拟写一封回信，要求尽力减少该订单损失，并尽可能争取留住此客户。

Hello Michael,

This is a friendly note before I report the problem to AliExpress. I finally received the products. I checked them and they are not the correct ones. I asked for a black arm band, and I received a purple one. This is not what you and I talked about. Even though both have the same shape, they have different colors or quality. Besides, the MP5 you shipped together to me does not work well, either. The touch screen is not sensitive. What's more, I do not know how to set the Chinese language into English, please advice.

It's not for good business. Please tell me how you want to resolve this issue.

Regards,

John

(可在背面作答)

第三部分　附加题（可选做）

1. 某公司最近新推一款女性美容产品（眼影贴 Fashion Instant Magic Eye Shadow Sticker），免除了大多数女性因为时间繁化眼影麻烦的烦恼，该产品共有 15 种颜色，每盒 6 副装同色，使用快捷方便。【参考 PPT 上的产品图片】
   （1）请拟写一条 Twitter 签名完整表述并推荐该产品，要求有冲击力，符合 Twitter 用户习惯（限 50 单词）
   （2）请拟写一条 Facebook 状态更新完整并推荐该产品，要求有冲击力，符合 Facebook 用户习惯（限 140 单词）
   （3）请书写一封促销邮件，体现产品优势，并尽可能推销给目标客户（至少 100 单词）
   （可在背面作答）

2. 某公司最新开发一款可口可乐唇膏（Coca-Cola Lip Smackers），每盒（Tin）6 支 6 种口味（4g*6 支），原产地美国。现已取得该产品授权，拟针对俄罗斯进行促销，公司拟拍摄一个视频全方位介绍产品属性、使用范围和产品优点等，请据此编写视频字幕以便指导视频拍摄和配音制作。（100-300 单词）【参考 PPT 上的产品图片】（可在背面作答）

图 4-4　笔试参考样卷 2

4.1.3　客服团队培训与考核定岗

1. 客服团队培训

客服人员一旦招聘到位，立马开展相关培训具有重要意义。为了帮助读者更清晰地了解客服团队培训的意义和具体的培训管理方法，下面以图例的方式对这两方面的内容加以介绍，请参见图 4-5 和图 4-6。

图 4-5　客服团队培训的意义

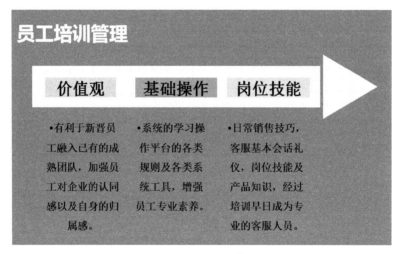

图 4-6　员工培训管理

2. 客服考核定岗

在 2~3 周系统培训的过程中，每结束一个环节，新晋员工都会经历一次考核，考核方式一般为笔试和上机操作，以满分制为准，分数的高低为分岗及转正考核的依据。客服主管的职位原则上优先考虑内部竞选，次要选择为外部招聘。产品管理客服、销售客服以及售后客服考虑员工意愿，结合考核分数合理定岗。

3. 客服团队培训计划表范例

为了让读者快速清晰地了解培训环节设计的培训内容和对应的培训目的，请参见

图 4-7。

培训对象	培训内容	培训目的
销售客服	日常工作流程培训及工作表格的流转	熟悉日常工作流程
	产品知识培训	了解所销售的产品知识
	网店客服礼仪及沟通技巧培训	掌握礼仪及在线沟通方式等
	买家心理分析及销售技巧培训	掌握销售导购的技巧及买家问题解答
售后客服	日常工作流程培训及工作表格的流转	熟悉日常工作流程
	买家关怀方式及沟通技巧	掌握与买家的后续沟通服务
	买家数据库的登记及分析	掌握买家数据库的整理及分析工作
	交易纠纷处理及退换货流程	掌握退换货流程及处理投诉
	...	

图 4-7　培训计划表格案例

4．客服考核定岗范例

通过系统的培训和考核之后，综合考查新晋员工的综合情况，本着"品德第一、能力第二"原则进行定岗，在此没有一个统一的标准，请根据自身实际进行衡量取舍。但总体而言，鉴于客服岗位的特殊性，新晋员工的软实力（人品方面）应该作为重要的考核依据，而对一个人人品方面的考查需要全面观察与注意，需要逐步积累资料，当然这对团队管理者而言也是一大挑战，应该努力提升自我素养，只有这样才可能具备"识人、用人"的能力。

5．客服团队工作流程范例

为了让读者轻松地理清客服团队的日常工作流程，下面用流程图来反映客服团队的日常工作流程，请参见图 4-8。

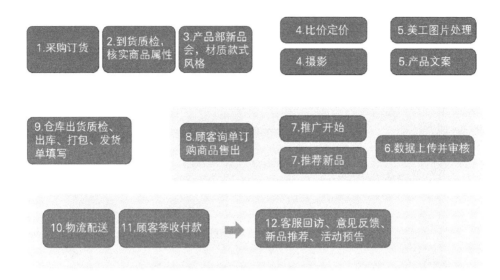

图 4-8　团队工作流程图

6．客服销售服务流程范例

销售客服在所有的客服岗位中起着十分重要的作用，售前、售中和售后的三个环节直接关乎着跨境电商经营效果，也涵盖了跨境电商经营交易的全部过程。下面简要介绍销售服务流程，请参见图 4-9。

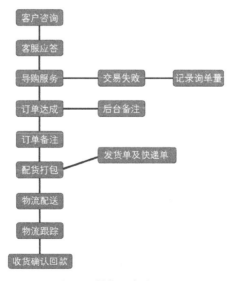

图 4-9　销售服务流程图

4.2　客服团队管理

客服团队管理需要注意的要点有很多，这里主要分为三个要点：明确团队目标和销售计划、积极听取员工意见、确保信息安全，如图 4-10 所示。

图 4-10　客服团队管理要点

经营管理者在把握了客服团队管理要点之后，跨境电商的交易实质仍然是销售为主导，那么明确团队工作目标并制定销售计划，结合实际情况，通过有效管控和调整计划，最终确保团队达成既定目标是一项十分重要的工作，详情如图 4-11 所示。

图 4-11　团队目标及销售计划

然而，作为经营管理者在处理日常繁杂的管理事务之余，应该格外注意团队的沟通成本，务必确保组织内沟通渠道畅通，及时发现问题并予以解决，使得团队的主要精力永远放在改善工作业绩上。定期召开例会讨论相关工作、制定相关安排等不失为一条有效的途径，参见图4-12。

图4-12　定期例会

　　跨境电商企业在实际运营过程中，应该重点关注信息安全，随着行业竞争的白热化，做好信息安全工作越来越引起众多企业的重视。信息安全管理涉及的内容多而广，通过借鉴业内同行经验，下面结合图4-13简要介绍信息安全管理的范畴及应对策略。

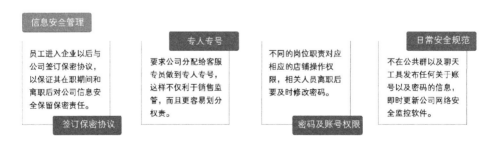

图4-13　信息安全管理

除此之外，关于客服团队管理问题，在此与读者一起回顾管理学中的一些经典管理理论，期望对提升我们的管理水平起到一定的作用。

1. 马斯洛需求层次理论

马斯洛需求层次理论是行为科学的理论之一，由美国心理学家亚伯拉罕·马斯洛于 1943 年在《人类激励理论》论文中所提出。书中将人类需求像阶梯一样从低到高按层次分为五种，分别是：生理需求、安全需求、社会需求、尊重需求和自我实现需求，如图 4-14 所示。

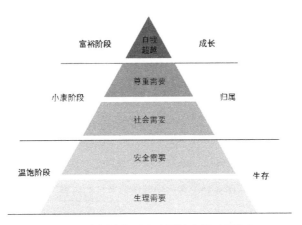

图 4-14　需求层次理论（图片来源于网络）

同样，跨境电商客服人员在工作生活中也存在上述需求，企业应该充分了解员工的基本需求，因地制宜地制定一系列激励措施，从根本上促进客服人员积极、努力、认真、耐心地工作。

2. 非正式组织

非正式组织最早由美国管理学家梅奥通过"霍桑实验"提出，是人们在共同的工作过程中自然形成的以感情、喜好等情绪为基础的松散的、没有正式规定的群体。人们在正式组织所安排的共同工作和在相互接触中必然会以感情、性格、爱好相投为基础形成若干人群，这些群体不受正式组织的行政部门和管理层次等限制，也没有明确规定的正式结构，但在其内部也会形成一些特定的关系结构，自然涌现出自己的"头头"，形成一些不成文的行为准则和规范。

当然，员工们在一起工作与生活，正如上述所言，的确会因为感情、性格和爱好等形成一些小团体，企业管理人员应该充分了解此类非正式组织的基本诉求，有针对性地做出一些激励和惩罚措施，有利于客服团队的管理。

4.2.1 客服团队绩效考核与管理

1. 客服团队绩效考核的内容

客服团队绩效考核的内容包括诸多方面，请参见图 4-15。图 4-15 所示的内容是绩效考核工作中所要考核的内容，具体请根据自身实际情况进行增减。

图 4-15　客服团队绩效考核的内容

2. 客服团队绩效考核的实施方法和周期

客服团队绩效考核的实施方法和周期是什么呢？通过归纳总结业内常见经验做法，我们结合图 4-16 和图 4-17 来了解一下。

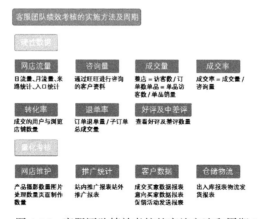

图 4-16　客服团队绩效考核的实施方法和周期 1

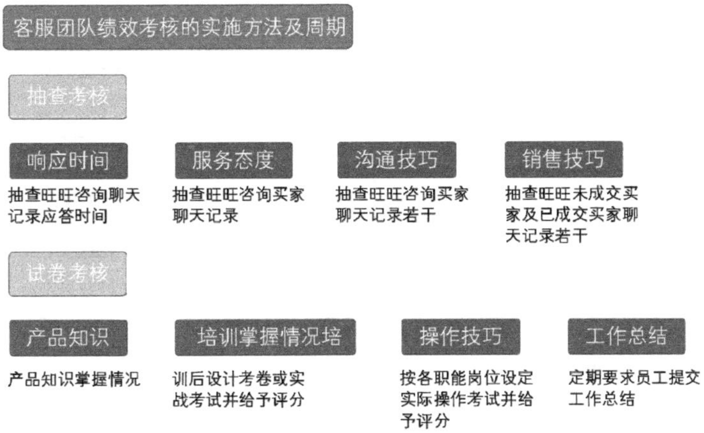

图 4-17　客服团队绩效考核的实施方法和周期 2

有了良好的沟通机制、管理机制和绩效考核机制后，结合实际情况制定自身的绩效考核制度就显得十分迫切。卖家在参考使用涉及自身的量化绩效考核制度时，可根据实际情况增设或删减某些考核指标，也可增加或降低某些指标的考核权重。下面以图 4-18、图 4-19、图 4-20 和图 4-21 为例作为参考。

销售导购客服绩效定制化量化考核制度

考核项目		考核指标	权重	评价标准	评分
工作绩效	定量指标	销售额完成率	30	1）考核标准为 100%，每低于 5%，扣除该项 1 分，高于 5%加 2 分	
		销售增长率	8	与上一月度的销售业绩相比，每增加 5%加 2 分，每负增长 5%扣 1 分	
		转化率	5	转化率计算方式：（成交量/访问量）*100%，转化率低于 1.5%时扣 2 分，转化率低于 1%时扣 3 分，转化率低于 0.5 时分数为 0	
		主推单品	5	1）主推单品销售比例为 80%（含）以上加 3 分 2）主推单品销售比例为 50%（含）不加分 3）主推单品销售比例低于 30%（含）扣 2 分	
		退款率	5	退款率计算方式：（退款金额/总金额）*100% 退款率大于 2%（含）扣 5 分 退款率小于 0.5%加 2 分	
		咨询量	5	咨询量标准为 450 个应答/月 1）咨询量大于 100%加 5 分 2）咨询量低于 80%扣 2 分 3）咨询量低于 60%扣 3 分 4）咨询量低于 30%扣 5 分	
		交易纠纷	5	根据不同平台纠纷率而定	
		个人成交率（销售额或毛利润维度）	2	个人成交率=（个人销售额/总销售额）*100% 1）个人成交率大于 10%奖励 5 分 2）个人成交率低于 5%扣 2 分 3）个人成交率低于 3%为 0 分 本考核项目百分比依据团队人数数目不定期调整	

图 4-18　销售导购客服绩效考核制度 1

工作能力	专业知识	5	1）了解网店产品基本知识 2）熟悉本行业及本店销售的商品 3）熟练掌握本岗位所具备的专业知识，但对其他相关知识了解不多 4）熟练掌握业务知识及其他相关知识	
	导购能力	3	1）较弱，无法自如的应对买家对于产品的询问 2）一般，只能应对买家对于产品基本情况的咨询 3）较强，能对买家对于产品咨询做出正确解答，并推荐其他产品组合 4）非常强，能迅速对买家感兴趣的产品做出正确解答，推荐其他产品组合，并能为买家提供产品相关知识的解答	
	沟通能力	5	1）能清晰的表达自己的想法 2）有一定的说服力 3）能有效的化解矛盾 4）能灵活运用多种谈话技巧和他人进行沟通	
	灵活应变能力	2	1）思想比较保守，应变能力较弱 2）有一定的灵活应变能力 3）应变能力较强，能根据客观环境的变化灵活地采取相应的措施 4）神秘客户考查	

图 4-19　销售导购客服绩效考核制度 2

工作态度	员工出勤率	4	1）员工月度出勤率达到100%，得满分，迟到一次扣1分（三次及以内） 2）月度累计迟到三次以上者，该项得0分 3）月度累计迟到5次以上者，倒扣3分	
	网店礼仪规范	2	如不按照本网店规范沟通用语，违反一次倒扣2分，无下限	
	责任感		1）工作马虎，不能保质保量地完成工作任务且工作态度极不认真 2）自觉地完成工作任务，但对工作中的失误有时推卸责任 3）自觉的完成工作任务且对自己的行为负责 4）出了做好自己的本职工作外，还主动承担公司内部额外的工作	
	服务态度	5	出现一次客户投诉或差评，扣2分 旺旺客服聊天如出现不礼貌用语	
	报告提交	4	1）在规定时间内将相关报告提交到制定处奖励1分，否则记0分 2）报告的质量评分为2分，达到标准者加1分，否则记0分	
	团队规章制度	4	每违规一次扣1分，无下限	
	团队协作	3	因个人原因而影响整个团队工作的情况出现一次，扣除该项3分，情节严重者可酌情加重。	

图 4-20　销售导购客服绩效考核制度 3

考核实施程序

1）由人力资源部在考核期之前，向客服主管发放"客服人员绩效考核表"，由客服主管对客服人员进行评估；

2）考核期结束后的第 3 个工作日，客服主管向运营总监提交"客服人员绩效考核表"；

3）考核期结束后的第 5 个工作日，客服主管完成考核表的统一汇总，并发给客服人员本人进行确认，如有异议由客服经理进行再确认，再确认工作必须在考核期结束的第 7 个工作日完成；

4）考核期结束后的第 8 个工作日，客服主管完成个人考核表的汇总统计；

5）考核期结束后的第 10 个工作日，将个人考核结果提交人力资源部，再由人力资源部提交给财务部门，财务部门依据考核结果按照《销售人员薪酬激励制度》进行薪金的核算发放；

6）如果需要对绩效考核指标和方案进行修订，上报总经办批准后，在考核期结束后的第 15 个工作日由人力资源部完成修订工作。

考核结果的运用

根据销售人员的每 6 个月的绩效考核的总得分，企业对不同绩效的销售人员进行销售级别与薪资的调整，具体方案如下表所示。

考核得分	薪资核算标准	职级调整
100 分（含）以上	基本工资+绩效工资*1.2	建议升级
90 分（含）-100 分	基本工资+绩效工资*0.9	建议不变
80 分（含）-90 分	基本工资+绩效工资*0.8	建议不变
60 分（含）-80 分	基本工资+绩效工资*0.7	建议降级
50 分（含）-60 分	基本工资+绩效工资*0.6	建议降级
50 分以下	基本工资+绩效工资*0.4	建议调岗或辞退

图 4-21　销售导购客服绩效考核制度 4

4.2.2　客服薪酬福利设计与管理

1. 客服薪酬福利设计的内容

客服薪酬的基本组成通常如下：

底薪（基本薪资+餐补+房补+交通补助+通讯补助）+全勤奖+岗位工资+工龄工资+主管嘉奖+业绩提成+加班费—事病假扣款—迟到早退扣款—保险扣款+年终效益奖金（发放标准由公司根据个人表现和公司效益确定，年终发放）

读者可以根据自身实际参考下述内容，进行客服的薪酬福利设计。

（1）加班费

加班费按照员工具体加班时间的长短和工作量的多少确定。

（2）全勤奖

全勤奖是指对每月全勤的员工给予的奖励，暂定为 100 元。实习期员工无全勤奖，超过四次以上忘记打卡、请假和迟到或早退的无全勤奖。

（3）事病假扣款

每月请假 2 天以内的，每天扣款"基本工资÷25.75"；每月请假 2 天以上的，每天扣款"（基本工资+岗位工资+工龄工资）÷25.75"。

（4）迟到或早退扣款

每月有 3 次迟到（不超过半个小时）的机会，超过 3 次或迟到半个小时以上的每次扣款 20 元；早退的每次扣款 20 元。

（5）保险扣款

保险扣款按员工每月缴纳社保金额中实际个人负担部分计算。

（6）其他

工资发放日期为每月 15 号，如遇节假日提前至最近的上一个工作日。

如果增加或减少某个员工工资，需有领导签字的书面文件。

员工擅自离职，工作未交接清楚的，扣发当月工资。

（7）其他福利

1）岗位工资（职务+职级，外贸业务助理、外贸业务员、外贸主管、外贸经理）。

2）社保和公积金。

3）培训提升。

4）公司也根据需要组织员工进行外出拓展训练、深造等多种形式的培训，不断提升员工队伍素质。

5）节日礼品。

6）公司在每年的端午节、中秋节、春节为公司员工发放节日礼品，以示慰问，公司根据业绩视情况而定。

7）公司为上班员工提供就餐补助，每月补助 100 元/人。

8）公司集体聚餐或旅游（一年两次）。公司每年组织管理人员和优秀员工外出旅游，费用由公司承担，每年由人力资源部提出计划报总经理批准后组织实施。

9）公司组织员工每年年初体检一次，以保障员工的身体健康。

10）公司为转正的员工发放生日礼物，以示生日祝福，每人按照 100 元的标准。

11）丧事吊唁，员工直系亲属亡故时，公司安排人员前往吊唁，以示抚慰。

2. 客服薪酬福利的落实与反馈

企业根据实际情况制定了相应的薪酬福利制度之后，应该根据自身企业的发展情况，在实际工作中通过不同的途径获取相应的反馈，以便及时调整到最佳状态。薪酬福利制度一旦制定并实施，应尽量保持其稳定性，即使变动，也要向对员工有利的方面进行调整，否则会带来负面影响。

3. 客服薪酬福利设计范例

一般而言，新晋员工的试用期为两个月，试用期工资为 XXX 元/月（根据当地实际平均水平而定），试用期满，根据综合表现进行转正审查，如确有特殊情况，可酌情延长试用期，但原则上试用期不得超过 6 个月。转正后底薪为 XXX 元/月，工龄工资每年涨 100 元/月，并按照 12 个月发放。与转正员工签订劳务合同，按照国家相关法律法规缴纳社保及公积金（也可协商处理），劳务合同有效期限为一年，期满根据双方意愿可续签合同。依三个月为考核区间考核正式业务员相对销售额，平均相对销售额连续两个月未达基本标准者，从第三个月起取消一切福利，只保留基本薪资 XX 元，并进行诫勉谈话；连续三个月未达基本标准者，公司有权按照双方劳务合同条款"不能胜任相关工作岗位"为由进行调岗或提前解除劳务合同。图 4-22 是某公司跨境电商业务销售绩效梯度提成表，仅供读者参考。

相对销售额（元）	提成占比（相对销售额）	分段提成金额（元）
≤35 000	未达基本标准	未达基本标准
35 000 ~ 50 000	0%	0
50 000 ~ 65 000	2%	300
65 000 ~ 80 000	3%	450
80 000 ~ 95 000	3.5%	525
95 000 ~ 120 000	4%	1000
120 000 ~ 200 000	4.5%	3600
≥200 000	5%	足额提成+特别业务奖

图 4-22　某公司业务销售绩效梯度提成表

4.2.3 客服劳务关系管理

1. 客服劳务关系的内容

（1）录用

公司录用人员以任人唯贤、唯才是举为方针，以公开、公平、公正为原则，通过推荐和公开招聘等方式录用员工，并以本公司各职位之任用资格和适应职位要求为准。新进员工需要有三个月的试用期。员工进入公司需要向公司提供以下证件的原件：身份证、毕业证和学位证以及相关奖励证书等，并填写员工基本情况登记表，随同相关证件的复印件一起在公司建立工作档案并存档。

（2）任职及相关待遇

员工转正且入职后，公司按国家规定的社保缴费标准，按照员工个人意愿给予缴纳社会保险或以薪资方式发放给员工；员工经公司负责人研究认为能力和各项表现达到公司期望的要求，本人有意愿与公司共同发展者，公司可与之签订3年以上长期劳动用工合同，并授予公司相关管理岗位职务，各项待遇按照公司资深员工对待；资深员工对公司有重大贡献，并且有意愿继续长期为公司服务者，公司经董事会研究，可授予该员工一定的公司股份作为奖励，相应授予公司总经理助理等高级管理职务，福利待遇按照公司负责人对待执行。

公司负责人、资深员工、普通员工的待遇差别主要体现在年终绩效奖金、假期和出差的待遇上，作为公司员工级别提升的动力。

公司员工职务晋升序列分为销售代表（基础月薪为 XXX 元起）、销售主管（基础月薪为 XXX 元起）、销售经理（基础月薪为 XXX 元起），该职务晋升不受员工级别限制，完全按照工作职务划分。不同职务的基础月薪作为参考，相关业务人员可以另行与公司商定其工作待遇，公司确定以后记录在档，并按照确定的工作待遇执行。

（3）辞职、辞退

公司员工因故辞职时，本人应提前三十天以上向直接上级提交《辞职申请书》，经公司负责人批准。收到员工辞职申请报告后，公司负责人必须了解清楚辞职原因，批准后要安排好工作交接。员工填写《离职手续办理清单》，办理工作移交和财产清还手续。统计辞职员工考勤，计算应领取的薪金。

员工离职前必须和公司签订保密协议，并遵照协议离职后不得动用公司的任何客户关系和资源为自己或者其他同行业公司服务，若违者，公司将按照离职协议追究法律责任。

辞退员工时，应有充分理由，包括但不限于危害公司业务和资金财物安全；在公司内部造成员工不团结；因个人原因给公司造成损失等原因，由公司列出事实并将相关决定一并通知被辞退员工，予以办理离职手续。

2. 客服劳务关系的表现形式与管理

企业与客服劳务关系的形成一般通过以下几种形式达成，试用期协议、保密协议和劳动合同等，还有就是关于员工的背景资料存档，例如简历、工作履历表、身份证复印件和学历证书复印件等，这些档案资料应该及时补充完整，企业发展的初期或许各类职能部门尚未齐全，但这方面仍然应该引起重视，给员工一种正规性的感觉。

3. 客服劳务关系合同范例

关于员工劳务关系合同，行业内使用的版本基本上大同小异，建议读者到当地的人力资源和社会保障局网站进行下载，并结合自身实际调整使用。

4.3　客服团队建设与管理的实证研究与思考

客服团队建设与管理是跨境电商经营发展过程中不可回避的一个重要环节，该项工作直接关系到规模化经营与发展的程度以及运营效率。但笔者认为卖家在进行客服团队建设和管理过程中不可盲从和不顾实际，建议卖家从实际出发，循序渐进，步步为营，稳扎稳打地进行客服团队建设，逐步提升管理水平和效率。

当然，随着跨境电商行业内外部环境的不断变化，伴随着行业的快速发展，无论是经营者的理念抑或行为，还是行业本身发展都正在逐步经历一系列变革与创新，这就要求我们要以"拥抱变化"的心态来面对。跨境电商经营者不应该单纯地低头卖货，甘当"国际搬运工"，而应该扩大格局，积极把握行业脉络和发展机遇，迎接行业新动态的到来，做好应对措施，顺势而为。以下将通过实证分析与理论阐述相结合的方式介绍笔者关于客服团队建设与管理的实证研究与思考。

4.3.1　初级客服团队建设与管理的实证研究

笔者长期从事跨境电商客服团队建设与管理工作，期间发现大中型企业由于自身的某些优势条件，例如良好的办公环境、健全的培训体系、可观的薪资福利以及晋升空间等，在团队建设与管理方面效果明显，显现出较大优势。相比而言，中小微企业或者个人卖家受限于自身的条件（资金不足、设备不全和管理经验匮乏等），在客服团队建设与管理方面困难重重，瓶颈一直难以突破，进而影响销售业绩的提升以及团队规模的扩大。本节拟以卖家如何构建初级客服团队为例，与广大读者分享初级客服团队建设与管理的具体做法。

1．初级客服团队建设与管理的必要性

随着跨境电商的"热浪"袭来和国家政策支持的力度不断增强，越来越多的人加入跨境电商行列。随着时间的推移和业务的递增，许多个人或少数人的小团队逐渐感觉吃力，开始谋求组建客服团队。客服团队成功组建的目的是有效分担很大部分的工作，使得跨境电商团队有序经营，持续健康发展，团队组建者一般都期望通过客服团队的成功组建达到人员规模和销售业绩的大幅提升。客服团队的建设与管理对提升规模和销售业绩十分重要，随着市场的扩大，越来越多的从业者涌入跨境电商浪潮之中，草根创业者过去"单兵作战"的操作方式显然不能满足行业对经营形式的要求，优胜劣汰也是行业的必然选择，以"团队"的形式从事经营管理活动显得十分必要与紧迫，因而卖家朋友结合自身发展实际，可以积极尝试建设初级客服团队。

目前有相当多的卖家在开始构建初级客服团队时会直接招聘全职员工，但一段时间过后会面临员工离职等问题，无论是在资金还是管理成本上都会产生较大损失，该类问题也是卖家在谋求更好发展的过程中遇到的最大困难之一，"留不住人"成为业内一大通病。那么跨境电商初级客服团队应该如何建设与管理呢？笔者认为：招聘大学生兼职并合理管控，可以有效地打破困扰卖家的第一个团队建设瓶颈，从而拥有初级客服团队。

卖家刚开始经营时招聘兼职客服，等到经营情况发展到一定程度的时候再考虑招聘全职员工。因为招聘全职员工涉及很多方面，诸如薪酬福利、绩效管理、劳动关系等人力资源管理问题，相比之下更加复杂，占用卖家更多的时间和精力成本。进行客服团队建设与管理时可以遵循循序渐进的一个原则，稳打稳扎，逐步有序地推进，分阶段分情形展开。

2．初级客服团队建设与管理的具体方法

在建设初级客服团队之前，卖家朋友可以形象地理解一下团队的概念。所谓团队（Team），就是大家在一起（Together），每个人（Everyone）贡献自己的力量(Achieves)，最后才能创造更多（More）。参见图 4-23 团队的形象解释，一个团队必须有执行力，才能突破自己。

图 4-23　团队概念的形象释义（图片来源于网络）

上述提及的所谓初级客服团队，也就是"野战军团"。初级客服团队中，兼职人员的比例可以占到总人数的 80%，全职人员可以占到 20%。而成熟客服团队中的"正规军团"则刚好相反，全职人员可以占到 80%，兼职人员占到 20%。

进行初级客服团队建设时，首先要分析人员岗位需求，并结合自身发展设置岗位，不能追求大而全。虽然团队构建刻不容缓，但也需要循序渐进才能水到渠成。下面结合一个实际案例，与读者一道学习初级团队建设与管理的具体方法。

跨境电商还处于起步阶段，不少草根创业者在速卖通平台开店时，将中国商品卖往海外，通过自己的用心钻研和经营，店铺经营数据持续好转。碰到参加平台活动或者平台大促，销售额甚至持续突破数倍增长。

虽然此类卖家基本上是全职经营店铺，但仍然会感觉到越来越力不从心，有很多经营的想法无力去实现，有很多产品有待开发上架。而自己又分身无术，整天被困扰

在处理日常经营琐事之上。这类卖家首先想到的是通过组建团队来打破经营瓶颈。

笔者认为,此类卖家或许有以下几个共同特点:

1)个人对速卖通各种操作的流程较熟悉。

2)个人全部负责一切事务,包括找货、上货、采货、发货、售后等。

3)个人各类生活琐事也影响了工作。

4)个人精力有限,难以更加深入地研究。对更深入的数据化分析、相关精细化操作没有时间和精力去研究。

对上述类似的卖家而言,组建客服团队来分担相关工作刻不容缓,只有构建客服团队,自己才能从上述繁杂的事务中解脱出来。那么构建客服团队是"找人"还是"招人"呢?笔者认为,所谓"招人",就是把人招聘过来,这不一定合适;而"找人"就是找合适的人。

对部分创业型卖家来说,构建客服团队会遇到"没人、没钱、没宽敞的办公室、没美女前台、没管理经验"等"五无"困难。由于跨境电商刚起步,短期内人才非常欠缺。各岗人员非常缺乏,而部分卖家又没有足够的资金去租赁"高大上"的办公室,甚至有不少卖家的办公和起居都放在一起,别说是吸引人才了,能招到人就不错。即使能招到人,雇主可能因为管理经验等不足,员工也不一定能留住。

那么应该如何化解这"五无"难题呢?笔者提出十六字要求,即"因事设岗、按岗找人、规避短板、狭缝求生"。初级店铺运营只需要设置初级销售岗位和初级综合岗位,参见图4-24。

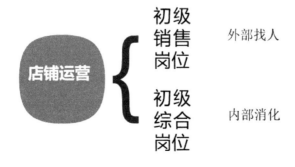

图 4-24　初级店铺运营岗位设置

由于初级销售岗位主要负责店铺管理、产品上架、产品优化、翻译、修图、客户沟通、订单售后等，可以设置"店铺客服"职位，通过外部找人，进而培养专业性较强的客服人员，担负起店铺运营管理工作。而初级综合岗位一般不需要太多人，主要是负责产品开发、采购（成本控制）、发货（成本控制）、财务、人事行政等，建议最好是内部消化，也就是自己负责，或者找家人、亲戚朋友或同学等负责。

前文也提到，目前跨境电商人才在短时间内都呈现短缺的状态，加之卖家自身管理经验等或许不足，所以以刚开始组建客服团队又不适宜招聘太多的全职员工，那么如何解决这个"找人"的问题呢？笔者建议卖家可以巧用大学生兼职，那么店铺经营短板就不是什么难题了。

目前社会上部分人对大学生有些偏见，其实目前很多大学生独立性很强，而且不少大学生都在做兼职工作。各高校学生会等社团组织都有专人负责收集和发布兼职信息，同时高校一般也有专门的官方机构负责学生勤工俭学事宜。另外，社会上也有一些大学生兼职机构帮助企业招聘大学生兼职，目前大学生兼职状况参见图 4-25。

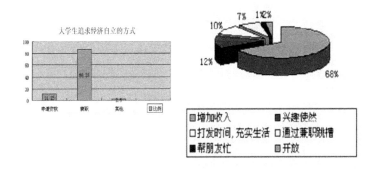

图 4-25　大学生兼职状况（图片来源于网络）

就招聘兼职大学生加入初级客服团队而言，用人成本相对全职员工较低。一般每月每人基本在 1000 元到 1500 元之间即可，不少卖家在创业初期有效地降低运营成本也是十分重要的。相对于全职客服而言，招聘兼职大学生客服所要考虑的事情就比较简单了，付出的成本相对较少，通常包括以下内容，卖家可以根据自身实际情况酌情调整。

1）600 元+绩效奖金（优质产品上架数、客服工作量等）。

2）节假日礼品或礼金。

3）少许管理成本（时间和精力）。

据了解，如果卖家是通过人力资源中介机构找人，还需要支出少许佣金。目前在长三角地区，约 1200 元就可以把兼职招聘全外包，包括找人、育人、管人。预计此市场也会逐步催生第三方服务商，相信以后无论是效率还是服务，都会越来越好。

虽然招聘大学生兼职担任客服岗位存在一定的弊端，但优势也不言而喻，关键看卖家在实际操作过程中如何把控。对兼职大学生自身参与社会实践的好处在此不再赘述，下面简单介绍对卖家而言的几点优势。

1）办公行政等成本几乎不变。由于不需要提供电脑设备、办公室等，行政成本基本不增加。

2）规定的远程上班天数。卖家可以通过远程视频等技术，远程管理兼职学生是否在工作，节省办公成本。

3）全天候客服。目前许多大学生都是手机控，可以实现大部分时间在线。卖家可以开设子账号，让其速卖通 App 手机在线。

4）翻译、修图或许比外包公司质量高，更便宜。尤其是高校有各种资源，如小语种、人脉资源等，兼职大学生可以利用身边资源提供更高质量的翻译和图片处理等。

5）寒暑假、毕业前实习可以为卖家提供性价比较高的人力服务。

6）招聘潜在的全职员工。由于各种现实原因，很多大学生最终都会进入中小微企业，通过兼职的合作关系，逐步会发展成为雇佣关系，也是卖家招聘全职员工的一个良好途径。

7）经验积累。招聘兼职大学生，让原有员工或自己带兼职学生，可以有效地提高原团队的管理经验、员工绩效考核与激励机制、团队建设等各方面的能力，而且能降低因为管理不善导致员工离职的风险。

8）从繁杂的事务中脱身将精力投入到效益更高的事务中，借机快速发展。

当然，招聘兼职大学生也有一些值得卖家们注意的地方，建议找中部省份高校（如江西、湖北、安徽、湖南等地）的高年级大学生，因为中部学生人数较多，这样可以优中选优，加之这些区域的学生毕业后有不少学生会外出就业，为后续招聘自己的全职员工做铺垫。另外就是由于沿海地区的学生可以了解到更多的信息，因而很难留得住他们，而且沿海地区经济较为发达，兼职成本支出也相对较多，而内地学生获取信息仍然具有不对称性，将跨境电商行业信息带给内地学生势必对行业整体发展有一定的积极意义。另外，可以选择语言基础好、外语系优先的学生。当然最好是找家庭条件一般、诚信踏实肯干的学生，最好是在校有勤工俭学经历的学生。

找兼职大学生主要有两种方式，一是通过各高校勤工俭学服务中心，二是通过跨境电商人力资源机构。不过前者一般需要核查企业的信息，而部分卖家或许没有这些资料，因而可以直接回母校通过师弟师妹介绍的方式找人；后者一般是全外包，可以签保密协议，代理签订正规兼职劳务合同等。

值得一提的是，2014 年 12 月，阿里巴巴速卖通大学启动了名为"鑫校园"的大学生跨境电商实训项目，该项目旨在通过与高校的联合培训，向高校学生传授以速卖通为代表的跨境电商平台营销、销售实战技能，把跨境电商运营最真实的第一手资料和技巧，通过实训的方式把高校学生训练为有效的跨境电商运营专才，帮助大学生在校园中就参与到速卖通大学实训中来，可以预见在不久的将来很多大学生在校期间就具备了跨境电商的基本操作技能，这也为卖家们在组建客服团队过程中招聘合适的兼职大学生提供了一些途径。

本节主要通过实证分析的方法与读者分享了卖家如何进行初级客服团队的建设与管理，希望对读者朋友的团队组建与发展能有所启示。

4.3.2　客服团队建设与管理的变革和创新

由于跨境电子商务是近年来才逐步进入公众视野引起社会和行业的广泛关注的，国家和地方政府层面才陆续出台一系列政策措施来鼓励跨境电商的发展，然而行业成熟度依然不够，越来越多的智力资本和资金资本逐步涌入。

国内电商经过十多年的发展，相对较成熟，很多从事国内电商的企业或人员转型进入跨境电商行业，鉴于其具有一定的国内电商运营经验，势必在发展跨境电商过程中加以借鉴，因而笔者认为跨境电商的发展会少走很多弯路，会呈现跳跃式发展，其发展速度也会十分惊人。

当然，事物在向前发展的过程中，会不断汲取外部力量，跨境电商行业唯一不变的就是变化，跨境电商从业者们始终以拥抱变化的心态来面对行业的变革与创新。毋庸多言，跨境电商客服团队建设与管理也同样随着行业的发展变化面临一系列变革与创新。

1. 理念的变革与创新

跨境电商由于目前还发展得不够成熟，加之跨境电商很多是草根创业者起家，其十分擅长运营，更多的是技术和产品上的，但是在团队建设和管理方面缺乏经验。

据悉，目前困扰跨境电商卖家的一大瓶颈就是团队的建设与管理，卖家们在谋求团队的扩大和发展，然后自身十分缺乏管理经验和管理意识，在平时工作过程中过于随意，管理的成分较少，更别提制度化管理，在这种情况下经营效益不够理想，更有甚者组建团队后的经营状况甚至不如自己单枪匹马的战果。但是任何企业的经营形式永远不是以个人为主，更多的是以团队的形式，只有这样才有可能实现规模经营，自己也才能解脱出来。但是管理经验不是一朝一夕就可以具备的，更多的是靠实践的积累。

为此，笔者认为跨境电商团队的建设和管理活动中管理者应该提升自我修养，扬长避短，打心眼里对自己的员工团队视如己出，当成合作伙伴来对待，同时通过激励让员工充分发挥自己的潜力，让员工看到希望，提升信心。而万万不可以所谓的老板身份自居，那样只会适得其反，正如前文所提及的非正式组织，当管理者也是非正式组织的一员时，可想而知，团队的稳定性和开放性之大，毋庸置疑，这样的团队战斗力是惊人的。

管理者的理念变革与创新往合作伙伴的方向去引导，利用情感因素等为纽带，提升团队凝聚力，劲往一处使。理念的变革与创新应该贯穿于管理的各个环节，不可鼓励，否则仍然起不到效果。

2. 行为的变革与创新

跨境电商虽然起步晚，但是一般在外贸发展较好的区域更加成熟，例如，珠三角和长三角等地，这些地域人员流动性通常较大，人力和办公成本较高，加之随着年龄的增长，不少人员有一种"落叶归根"的想法逐步向内地流动，而这些人具备一定的外贸工作经验，回到内地后由于内地外贸发展水平不高，可能会换职业，从某种意义上而言，属于外贸智力资本的流失。

庆幸的是，有部分跨境电商企业鉴于各方面的考虑，已经逐步尝试新型的企业运营行为，不妨形象地将之称为"异地操作"，一般是将采购和货运人员放在沿海发达城市，将客服运营人员放在内地，这样一般会使人力和办公成本大幅降低，加之内地诸多地方也出台了一系列跨境电商利好政策，客服人员比较容易招聘，在同等待遇下，内地人员稳定性较好，新员工的招聘工作也较为容易。通过这种行为方式的变革与创新，从某种程度上较大地提升了团队稳定性，为企业进行规模化经营奠定了有利条件。

当然，这种操作方式也有不足之处，比如阻碍了采购人员和客服人员的交流，客服人员对产品熟悉程度，不过这些不足之处也可以通过培训和定期沟通来加以解决。无论如何，随着内地的经济发展以及交通状况的改善，异地操作也是跨境电商行业内企业行为的一种变革和创新，若条件允许，卖家朋友不妨一试。

3. 客服体系制度设计的变革与创新

跨境电商行业的发展与团队的建设管理密不可分，前文也提到了一些现代管理方法的运用，比如马斯洛需求层次理论和非正式组织等。但是在跨境电商实际运营过程中，随着平台规则的变化以及各种形式的变化，企业的工作流程也应该随着这些变化而做出适度调整，也就是人们常提及的工作流程再造，通过工作流程再造来变革过往不适宜企业发展和运营的一系列操作方法和规则。

跨境电商客服人员更多地承担着销售任务，从某种意义而言是以销售为导向的团体，这就直接牵涉到所谓的管理岗位和专业技术岗位，正确地处理和设计好这类岗位的权责和福利关系到团队的稳定性。这类问题处理得好可以降低团队沟通成本和内耗，处理得不好会导致恶性竞争，甚至团队离散，引入职务和职级的制度设计，鼓励管理岗位和专业技术岗位的人员分别向自己擅长的方向去努力，奠定销售人员的地位，可以极大地促进良性竞争，提升销售业绩，从而促进企业快速发展。

另外，跨境电商目前的销售提成制度相对较粗糙，有的企业按照销售额提成，有的企业按照利润提成。随着行业的发展，不同的平台经营策略不同，产品定位不同，仅就平台经营而言，有些引流款的订单没有利润甚至亏本，有些时候参加平台活动不为利润为流量，但商业的本质仍然应该以利润为导向。笔者认为跨境电商经营管理者应该静下心来好好理清经营中的各个环节，通过业绩提成制度的设计最大化地鼓励客服人员，如何鼓励客服人员抓住产品生命周期的前半部分，实现单品利润最大化，如何鼓励售后客服通过发挥自身主观能动性积极沟通解决订单纠纷，尽可能少地损失，这些问题都摆在跨境电商企业经营管理者面前。

笔者在此提出"综合绩效考核之相对销售额",其目的是让企业守住经营的利润红线,通过整体核算挖掘出实际销售额背后的真实利润,将跨境电商中重要一环(即售后环节)的潜在利润价值最大化地挖掘出来,采用奖励为主、惩罚为辅的原则进行客服团队的绩效考核和管理,充分调动客服积极性,缜密设计各个环节,做到全方位不遗漏。由于篇幅限制,在此不再赘述。

4. 行业发展的变革与创新

随着行业的发展,一般而言,达到一定程度时都会催生第三方服务商的出现。正如国内电商发展情况一样,按照行业和岗位的细分,专业的人做专业的事,国内电商逐步出现专门从事第三方服务的机构,而且能够把专业的事情做到极致,诸如代运营和国内电商培训等,内容涉及电商的诸多核心环节,如营销推广、数据分析和视觉美工等,这些细分带动了就业,并催生了新的企业。

随着跨境电商行业的发展,第三方服务一定会顺势而来,同样,诸如代运营和跨境电商培训等,内容涉及一系列核心环节,如海外营销推广、数据化运营、国际物流和视觉美工等,但是这些环节的难度远比国内电商要大,涉及不同国度、不同客户的消费习惯等,目前假如有企业能够将第三方服务做好,势必是一个商业蓝海,很值得一做。但是针对跨境电商代运营而言,笔者认为跨境电商代运营市场的体量不大,传统外贸企业转型一般不会一刀切,更何况传统外贸比例占比依然很大,传统外贸企业有自己的人员和产品,逐步扩展跨境电商模式。

有意于从事跨境电商第三方服务代运营的企业不妨改变一下自己的定位,跳过代运营阶段,凭借自己的优势帮助构建企业自身的跨境电子商务体系,帮助企业构建自身的跨境电子商务体系可谓是行业发展的变革与创新,相较于代运营而言,势必会更受用户的欢迎。

4.3.3　跨境电商客服人才需求趋势预测与思考

跨境电商的发展步伐太快,相关人才紧缺显而易见,加之培训人才的机构才刚刚起步,跨境电商人才紧缺已经成为抑制行业发展的关键问题。

但即便如此,跨境电商经过这些年的发展产生了一些变革,对客服的要求也逐步产生了变化。前些年从事跨境电商的人比较少,假如将这个时期称为跨境电商客服人才 1.0 时代，显然，现阶段应该属于客服人才 2.0 时代。处于 1.0 时代属于劳动密集型的经营管理模式，那时候的操作比较简单，只要多加客服人员，多加平台操作账号，一般都能取得较好的经营效益。然而现阶段仅靠劳动密集型操作策略显然已经满足不了行业的发展要求，靠人海战术基本上不能奏效。

跨境电商客服人才 2.0 时代要求客服人员具备更全面的素质，随着行业的发展与深刻变革的开始，跨境电商逐步向新兴市场发展，多语言的要求、多区域的客服行为习惯，移动互联网交易由新趋势变为新常态，更多跨境电商平台的出现，目标市场的细分和产品的细分，跨境电商这些新趋势无不对客服人员提出更高的要求，现阶段客服更加注重运营管理的水平，因而行业对高端运营人才的需求居高不下，只有快速培养历练新时代跨境电商客服人才，才能促进跨境电商大发展和大跨越。

当然，高端客服运营人才的出现势必对跨境电商行业人力资源管理提出了更高的要求，否则人员的稳定性依然很差，对企业发展仍然不利。跨境电商客服人才 2.0 时代要求企业积极探索尝试新型激励政策，可能会突破传统的薪酬设计模式，上升到高于雇佣模式和合作模式之上的互助模式。

跨境电商的发展可谓一日千里，我们只有拥抱变化，以积极的心态去面对荣辱，不忘初心，方得始终。

4.4　小结

跨境电商客服团队的建设与管理是跨境电商企业生存和发展的重要因素之一，与国内电商的客服岗位略有不同，跨境电商客服从某种意义上说就是运营岗位，对客服人员的综合能力要求较高，鉴于跨境电商的特殊性，该类人才极度匮乏。企业应该努力提升自我修养，探索科学的运营制度和流程，建立健全客服招聘、培训与晋升机制，争取少走弯路，从而提升自身品牌的知名度，优化客户体验环境。从这个角度而言，处于跨境电商高速发展的我们仍然面临诸多挑战，且任重道远。

另外，本章部分内容参考了业内同行的先进经验做法，希望卖家结合自身实际进行优化，切不可盲从。知识因分享而更有价值，文中部分资料或创意来源于或改编自网络资料，由于无法一一联系原作者，在此一并表示感谢。

第 5 章

平台基本流程

本章要点：

- 客户在全球速卖通平台上的购买流程

- 订单信誉评价

- 平台支付方式与各种订单及其处理流程

5.1　客户购买流程

一个专业的客服必须掌握平台的基本流程，以便在不同阶段能够及时、准确无误地为客户提供指导跟踪服务，从而提高客户的满意度及黏度。通常来说，互联网的购买流程是搜索商品→联系卖家→拍下产品及付款→收货→评价。

5.1.1　搜索商品

当买家需要购买产品时，首先需要在全球速卖通平台中找出自己想要购买的产品，才能进入下一个流程。搜索方法有：关键词搜索、类目搜索、活动页面、店铺收藏及心愿订单。

关键词搜索、类目搜索与活动页面的搜索产品方式分别如图 5-1 中① ② ③所示。

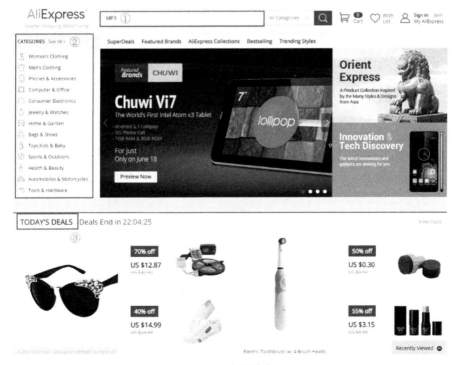

图 5-1　客户搜索

心愿订单和店铺收藏的搜索产品方式分别如图 5-2 中① ②所示。

图 5-2　客户搜索

5.1.2　联系卖家

当买家找到所需要的产品，并对这个产品的信息、店铺服务、物流等有疑问时，就会联系卖家进行咨询，以求获得帮助，促成订单成交。联系方式有：TradeManager 与站内信 Message Center。

1．TradeManager 及时沟通工具

买家可以通过 TradeManager 与卖家进行实时沟通,该工具支持文件、图片的发送，如图 5-3 所示。

图 5-3　TradeManager

2. 站内信 Message Center

买家还可以选择站内信的方式联系卖家，在全球速卖通平台上使用站内信联系卖家比旺旺的喜好度高，如图 5-4 所示。

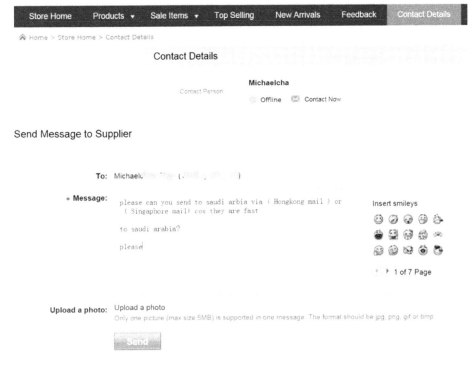

图 5-4

5.1.3　拍下产品及付款

当买家找到合适的产品时，通常会先选择产品颜色、尺寸、款式和大小等；然后选择产品数量；接着选择物流方式；最后对单个产品选择立即购买或者将多个产品加入购物车再合并购买。流程如图 5-5 所示。

图 5-5　拍产品

拍下产品后，买家就可以进行付款，其中一种付款方式如图 5-6 所示。

图 5-6　付款方式

5.1.4　确认收货

买家在收到包裹后，就可以对订单进行确认收货，如图 5-7 所示。

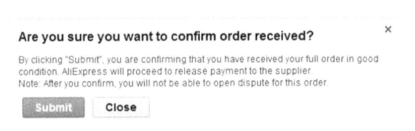

3. Click "Confirm"

After confirming delivery, click "Confirm" and the money will be automatically released to the supplier's bank account.

Are you sure you want to confirm order received?　　　✕

By clicking "Submit", you are confirming that you have received your full order in good condition. AliExpress will proceed to release payment to the supplier.
Note: After you confirm, you will not be able to open dispute for this order.

Submit　　Close

图 5-7　确认收货

5.1.5　评价

1. 评价的类别

全球速卖通平台的评价分为信用评价和卖家分项评价两类，如图 5-8 所示。

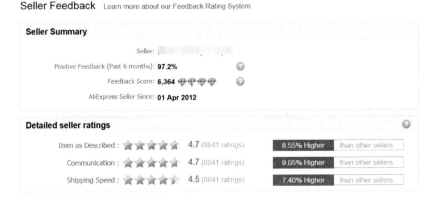

图 5-8　信用评价

信用评价是指交易的买卖双方在订单交易结束后对对方信用状况的评价。信用评价包括五分制评分和评论两部分。

卖家分项评分是指买家在订单交易结束后以匿名方式对卖家在交易中提供的商品描述的准确性（Item as described）、沟通质量及回应速度（Communication）、物品运送时间合理性（Shipping speed）三方面服务做出的评价，是买家对卖家的单向评分。信用评价买卖双方均可以进行互评，但卖家分项评分只能由买家对卖家做出。如图5-9所示。

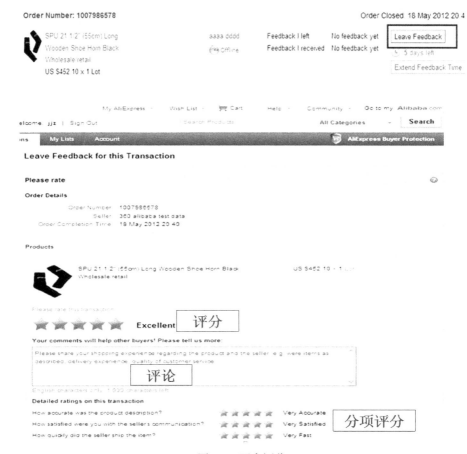

图 5-9　买家评分

2．评价时间规则

所有卖家全部发货的订单在交易结束30天内买卖双方均可评价。

对于信用评价，如果双方都未给出评价，则该订单不会有任何评价记录；若一方在评价期内做出评价，另一方在评价期间内未评价的，则系统不会给评价方默认评价（卖家分项评分也无默认评价）。

3. 评价积分规则

商品/上架好评率（Positive Feedback Ratings）和商家信用积分（Feedback Score）的计算：

相同买家在同一个自然旬内对同一个卖家只能做出一个评价（自然旬即为每月1～10号、11～20号、21～31号），该买家订单的评价星级则为单笔评价的星级（自然旬统计的是美国时间）。

1）相同买家在同一个自然旬内（自然旬即为每月1～10号，11～20号，21～31号）对同一个卖家做出的多个评价按照评价类型（好评、中评、差评）分别汇总计算，即好中差评都只各计一次（包括1个订单中多个产品的情况）。

2）在卖家分项评分中，同一买家在一个自然旬内（自然旬即为每月1～10号、11～20号、21～31号）对同一卖家的商品描述的准确性、沟通质量及回应速度、物品运送时间合理性三项的多次评分只算一个，该买家在自然旬对某一项的评分计算方法如下：

平均分=买家对该分项评分总和/评价次数（四舍五入）

3）以下三种情况无论是买家留差评还是好评，仅展示留评内容，都不计算好评率及评价积分。

① 成交金额低于5美元的订单。（成交金额明确为买家支付金额减去售中的退款金额，不包括售后退款情况）。

② 买家提起未收到货纠纷，或纠纷中包含退货情况，且买家在纠纷上升到仲裁前未主动取消。

③ 运费不差价、赠品、定金、结账专用链、预售品等特殊商品（简称"黑五类"）的评价。

除以上情况的评价之外，都会正常计算商品/商家好评率和商家信用积分。不论订单金额，都统一为：好评+1、中评为0、差评-1。

4）卖家所得到的积分决定了卖家店铺的等级标志，具体标价及对应的积分如图 5-10 所示。

Level	Seller	Buyer	Score
L1.1			3-9
L1.2			10-29
L1.3			30-99
L1.4			100-199
L1.5			200-499
L2.1			500-999
L2.2			1000-1999
L2.3			2000-4999
L2.4			5000-9999
L2.5			10000-19999
L3.1			20000-49999
L3.2			50000-99999
L3.3			100000-199999
L3.4			200000-399999
L3.5			400000分以上

图 5-10

5）买家分层。速卖通买家分层已于 2015 年 7 月 23 日正式上线。平台根据买家的成交金额、留评次数及活跃度等相关信息进行自动判断并进行标识，将买家分为 A0~A4 五个等级。数字越高，等级越高，买家越活跃，购买力越强。该调整有助于卖家辨识对应购买店铺商品的买家等级，从而对买家有所了解。

4．评价档案

评价档案包括近期评价摘要（会员公司名、近 6 个月好评率、近 6 个月评价数量、信用度和会员起始日期）、评价历史（过去 1 个月、3 个月、6 个月、12 个月及历史累计的时间跨度内的好评率、中评率、差评率、评价数量和平均星级等指标）和评价记录（会员得到的所有评价记录、给出的所有评价记录以及在指定时间段内的指定评价记录）。

好评率=6 个月内好评数量/（6 个月内好评数量+6 个月内差评数量）

差评率=6 个月内差评数量/（6 个月内好评数量+6 个月内差评数量）

平均星级=所有评价的星级总分/评价数量

卖家分项评分中各单项平均评分=买家对该分项评分总和/评价次数（四舍五入）

5．信用评价修改、删除规则

对于信用评价，卖家对买家给予的中差评有异议的，可在评价生效后 30 日内联系买家，由买家对其评价自行修改；买家可在评价生效后 30 日内对自己做出的该次评价进行修改，但修改仅限于中差评改为好评，修改次数仅限 1 次。

同样，买家对卖家给予的中差评有异议的，可在评价生效后 30 日内联系卖家，由卖家对其评价自行修改；卖家可在评价生效后 30 日内对自己做出的该次评价进行修改，但修改仅限于中差评改为好评，修改次数仅限 1 次。

买卖双方也可以针对自己收到的差评进行回复解释。

对于卖家分项评分，一旦买家提交，评分即时生效且不得修改。若买家信用评价被删除，则对应的卖家分项评分也随之被删除。

速卖通有权删除评价内容中包括人身攻击或者其他不适当的言论评价。

速卖通保留变更信用体系，包括评价方法、评价率计算方法、各种评价率等权利。

5.2　付款方式介绍

经过 4 年多的迅猛发展，速卖通已经付款 220 多个国家和地区的海外买家，为此，速卖通也不断对接各种支付渠道。目前，全球速卖通国际支付宝支持全球大部分主流的支付方式，如图 5-11 所示。

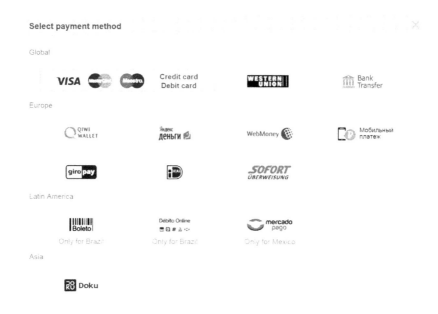

图 5-11 付款方式

5.2.1 Visa and Master Card Credit Card

该支付方式创办的专业在线支付平台为国内外贸易商户提供安全、便捷的即时到账在线支付服务。持卡人可用 VISA、Master Card 、JCB、AmericanExpress、Diners Club internatinal 来进行支付，轻松完成网上交易。

适用市场：全球，只要用户拥有 Visa/Matser/JCB/AE/MB 信用卡种，就可以支付。支付额度在 50000 美元以下。如果在交易中产生纠纷以致退款，全球速卖通将通过 Visa and Master Card Credit Card 退款，买家通常可以在 10 ~ 15 个工作日收到退款。

5.2.2 Master Debit Card

MasterCard 的支付额度在 50000 美元以下。如果在交易中产生纠纷导致退款，全球速卖通将通过 Master Debit Card 退款，买家通常可以在 10 ~ 15 个工作日收到退款。

5.2.3　Western Union

该公式是世界上领先的特快汇款公司，迄今已有 150 年的历史，它拥有全球最大最先进的电子汇兑金融网络，代理网点遍布全球近 200 个国家和地区。支付额度为 20.01～50000 美元。如果在交易中产生纠纷导致退款，全球速卖通将通过 Western Union 退款，买家通常可以在 7～10 个工作日收到退款。

5.2.4　Bank Transfer（TT payment）

该方式是由汇款人以定额本国货币交于本国外汇银行换取定额外汇，并述明受款人的姓名与地址，再由承办银行（汇出行）折发加押电报式电传给另一国家的分行或代理行（汇入行）指示解付给收款人的一种汇款方式。对于此支付方式，银行需要 7 个工作日，以确认买家的付款并更新到全球速卖通。支付额度为 20.01～50000 美元。如果在交易中产生纠纷导致退款，全球速卖通将通过 Bank Transfer 退款，买家通常可以在 7～10 个工作日收到退款。

5.2.5　QIWI

QIWI Wallet 是俄罗斯最大的第三方支付工具，其服务类似支付宝，可支持的最大支付额度在 5000 美元以下，若超额，则买家必须更换其他支付方式。如果在交易中产生纠纷导致退款，全球速卖通将通过 QIWI 退款，买家通常可以在 10～15 个工作日收到退款。

5.2.6　WebMoney

WebMoney 是由日本的 WebMoney 公司推出的用于网上购物的货币，物理上为一张塑料卡，上面写有 16 位的由大小写字母和数字构成的密码。规格有两种，一种是 2000 日圆，另一种是 5000 日圆。如果在交易中产生纠纷导致退款，全球速卖通将通过 WebMoney 退款，买家通常可以在 7～10 个工作日收到退款。

5.2.7 Boleto

Boleto 是一种电子钱包付费方式，也是一种本地支付方法，且无须支付额外费用，常用于巴西，支付额度为 1~3000 美元。对于此支付方式，银行需要 7 个工作日，以确认买家的付款并更新到全球速卖通。如果在交易中产生纠纷导致退款，全球速卖通将通过 Ebanx 退款，买家通常可以在 7~10 个工作日收到退款。

5.2.8 Yandex.Money

它作为俄罗斯领先的支付电子钱包，拥有近 1800 万活跃用户，日交易处理能力达到 15 万笔，在俄罗斯的品牌认知度高达 85%。综合多种因素考虑，也为了让买家和卖家体验更好，经过商业上的综合评估，速卖通接入俄罗斯新的支付渠道 Yandex Money。

5.2.9 MercadoPago

MercadoPago 是拉美 Ebay 旗下的一家支付公司，在 Argentina、Brazil、Chile、Colombia、Mexico 和 Venezuela 这六个国家均开展支付业务。速卖通和拉美支付公司 MercadoPago 达成合作，墨西哥的买家将可以使用 MercadoPage 支付方式在速卖通上购物。这是继巴西 Boleto 支付和巴西 TEF 支付后，速卖通赶在 2014 年 11 月 11 日即（"双十一大促"）之前对拉美地区再次增加新的支付方式，足见速卖通对拉美市场的重视。

5.3 订单处理流程

订单处理是我们经营跨境电商的重要组成部分。订单处理过程涉及的细节和关键地方比较多。出色的订单处理能力或者系统将为我们在店铺运营中节省大量的人力、物力、时间和金钱，同时也能非常好地提高客户的体验度。

5.3.1 订单处理原则

订单是我们与客户在商业活动中彼此的协议，涉及产品、资金、物流等信息。所以一个良好甚至出色的店铺运营的标准在于买家是否能够及时顺利地收到自己购买的商品，并且给予我们店铺满意的评价，返单并推荐身边的人来再次购买。因此，如果发生订单不能及时处理，或者发生了其他突发状况，会使客户的满意度下降，甚至影响一个店铺的运营，到之后售后成本升高，从而影响店铺的可持续发展。

1．遵循时间的先后处理及时性

基于高效的订单处理目标，一般情况下可以根据订单的时间顺序来处理。

（1）先付款的订单先处理

优先订单先处理，也就是说，先收到客户付款，同时资金通过 Aliexpress 审核的订单先处理。因为 Aliexpress 平台对每个订单都有发货时间的限制，考虑到客户体验度方面，优先收到的订单必须优先处理，这样店铺才能正常运作和发展。

（2）承诺优先发货订单先处理

承诺优先发货的订单是指买家在订单留言、站内信或者旺旺留言中明确要求发货时间，或者我们的业务员与客户承诺优先发货的订单。这就要求我们在订单处理的时候必须严格遵守我们的承诺，在承诺的时间内完成订单处理发货，以保证客户的满意度。

（3）同类物流订单先处理

同类物流订单是指客户在拍下产品时选择了相同的物流方式。这样处理订单能够有效地提升我们的操作效率。

2．遵循订单信息的准确性

在处理订单之前，我们必须确保订单信息准确无误，只有这样才能够确保我们的商品按照客户的要求准确送达到客户手中，从而保证客户的满意度及店铺好评率。

（1）买家留言

一般因为客户初次下单对下单流程不熟或者粗心大意，在下单时没能准确无误地下单，从而在下单时为补充或修改信息的留言，如需要快速发货、修改收货人、收货人全名、地址、电话、邮编、更换颜色、更换尺寸等，都要在订单审核过程中确认修改，避免后期出现售后问题，导致客户的满意度降低。

（2）物流核对

根据买家下单时选择的物流方式，选择匹配正确的物流方式进行订单处理，避免后期因物流方式引起的派送时间、派送方式或者海关问题引起的纠纷，可以有效地预防纠纷的发生并减少售后问题。

5.3.2　认识各种订单及处理方式

1. 等待买家付款订单

买家已经拍下但还未付款的订单，卖家不可以直接关闭订单。建议可以通过订单留言、站内信或者旺旺进行催付款，提高产品付款率。

2. 买家申请取消订单

因各种原因，导致买家申请取消的订单，其原因如下：

- 买家放入了错误的产品（Buyer Order A wrong item）；
- 买家下了重复的订单（Buyer Place A duplicate order）；
- 卖家拒绝发货；
- 产品缺货；
- 产品与描述不符；
- 未按照约定时间发货；
- 联系不上卖家；
- 卖家的其他原因；
- 其他原因。

此类订单处理时需要注意买家申请取消的原因，注意引导买家选择有利于取消订单的原因。只有三种原因同意买家取消订单。

其一，买家下了重复订单。

第二，买家放入了错误的产品，否则我们同意买家取消订单将导致出现成交不卖，对店铺运营伤害非常大，严重时甚至店铺会受到处罚。

第三，其他原因。这个是中立的原因，不算成交不卖，因此，这个原因同意客户取消订单。

如果买家不是选择上述三者之一怎么办？我们可以拒绝订单取消，同时与买家协商重新选择取消订单的原因，大部分客户是意愿去做改变的。

3．等待发货订单

等待发货订单指买家拍下商品且付款资金通过全球速卖通的审核，即买家已经把资金付到了国际支付宝，我们可以进行订单信息核实并发货。卖家可以更改客户收货信息、修改订单备注等。这样对处于订单状态的订单，买家可以申请取消订单。

4．部分发货订单

卖家完成订单信息的确认和审核后，部分商品已打包发出，并生成对应的国际物流单号，等待卖家持续完成商品打包发出的订单。

5．等待买家收货

卖家完成订单信息的确认、审核，并且商品已打包发出，也生成对应的国际物流单号，等待买家最后确认收货的订单。在妥投时限内，如果买家还没收到产品，卖家可以适当延长妥投时间的期限。

6．已结束的订单

已结束的订单包含以下四种：

- 买家取消未付款订单；
- 超过付款时间，买家并未付款的订单；
- 买家的商品已收货并确认收货的订单；
- 因买家所付款项未通过资金安全审核已经被关闭的订单。

7．含纠纷订单

因物流、海关、商品、服务等问题，导致买家抱怨、不满意，从而提起纠纷的订单。

8．冻结中的订单

买家拍下商品付款时选择信用卡付款，订单未完成的时候，向支付银行提出拒付，导致资金冻结的订单。对于这种情况，请及时积极联系客户解决问题，解冻资金。

9. 等待确认订单金额

因银行佣金或者买家粗心的原因，导致实际到账的国际支付宝的金额与订单金额不符的订单，需要卖家进行确认，如果能接受到账金额，即接受买家支付金额，则继续进行订单处理。

10. 资金未到账

由于国际支付的方法各不相同，有部分资金不能及时到账，需要 Aliexpress 进行审核，一般 24 小时内可以完成审核。在资金未到账时，买家是不能申请取消订单的。

5.3.3 等待发货订单的处理流程

对于等待发货的订单，其处理流程如图 5-12 所示。

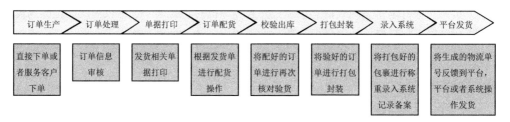

图 5-12

第 6 章

ODR 与卖家服务等级

本章要点：

- 了解卖家服务等级定义及规则
- 了解卖家服务等级对店铺的影响
- 提升卖家服务等级打造优质店铺

速卖通自 2015 年 1 月 5 日全新上线卖家服务等级后，其等级一直受到买家和卖家的关注，买家通过服务等级了解卖家的服务水平，卖家也可以针对服务等级要求进一步提升服务能力。那么作为卖家，如何提高服务等级、维护店铺的持久发展？本章从系统的角度来阐述卖家服务等级各维度的平台规则，介绍各环节的注意事项，最后提出预防的重要性，并从不同维度给出提升服务等级的具体建议，希望卖家重视服务等级，维护好店铺，长期稳定地经营，打造优质店铺。因平台规则实时变动，本章内容以编辑时间规则为依据，若有变动，请参考平台相关规则的变更内容。

6.1　卖家服务等级的定义及规则

全新的卖家服务等级于 2015 年 10 月 8 日生效，卖家服务等级每月末评定一次，下月 3 日前在后台更新，根据每个月月底倒推前 30 天的每日服务分均值计算得来，根据考核结果将卖家服务等级划分为优秀、良好、及格和不及格卖家，不同等级的卖家将获得不同的平台资源。

6.1.1　卖家服务等级的考核方式

卖家服务等级采用百分制方式进行考核展现，且服务分在每日进行更新，每日服务分由以下 8 个指标的分数相加得出，具体如下：

每日服务分（满分 100）=成交不卖率得分（单项满分 5）+纠纷提起率得分（单项满分 5）+货不对板仲裁提起率得分（单项满分 10）+货不对板仲裁有责率得分（单项满分 15）+好评率得分（单项满分 10）+DSR 上面描述得分（单项满分 30）+DSR 卖家服务得分（单项满分 15）+DSR 物流服务得分（单项满分 10）

速卖通后台的每日服务分如图 6-1 所示。

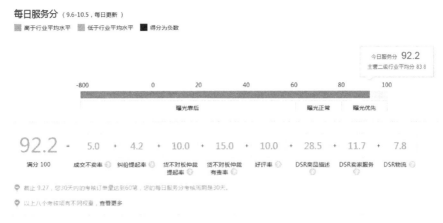

图 6-1　每日服务分

当每日的服务分越高，对每日的搜索排序越有利（排序受多个维度的影响，服务分仅为其中一个因素）。

每个单项最高分为单项满分，单项得分特别差时，会得到负分，由图 6-1 可以看出，当日 "DSR 卖家服务" 为 11.7 分，它是低于行业平均水平的，我们需要客服在这方面进行加强。

那么每日服务分中各项指标的服务分是怎么计算的呢？具体可以参照图 6-2 所示的方法得出。

指标	成交不卖率	纠纷提起	货不对版仲裁提起	货不对版仲裁有责	好评率	DSR商品描述平均分	DSR卖家服务平均分	DSR物流服务平均分	对应的服务分
各项指标阈值	0%	0%	0%	0%	100%	5	5	5	单项满分
	11%	17%	7%	7%	84%	3.9	3.9	3.9	单项0分
	31%	37%	17%	17%	64%	1.9	1.9	1.9	单项-100分
单项权重（单项满分）	5	5	10	15	10	30	15	12	

图 6-2　每日服务分的各项指标阈值

各考核项的考核阈值参考平台所有卖家的该考核项指标分布来计算确定，0 分的指标值，即平台认为该考核项是可以接受的最差水平临界点，差于该项，该考核项即得负分，最低得分为-100 分。

以成交不卖为例，该项得分是根据成交不卖率计算得来的。

成交不卖率越低，那么成交不卖对应的得分就越高，比如：

成交不卖率=0，那么该项得分为满分，即 5 分；

成交不卖率=11%，那么该项得分为 0 分；

成交不卖率>11%，那么该项得分为负分；

成交不卖率≥31%，该单项得分为-100。

如图 6-3 所示，该店铺的 DSR 商品描述在 4.9 分，在指标"3.9~5"之间，那么对应的服务分在"单项 0 分至单项满分 30"之间，系统根据该区间内所有卖家的商品描述分分布情况，计算该项最终权重得分为 28.5 分。

DSR商品描述（30分）
考核期内，您的店铺DSR商品描述是4.9，点击查看中低分商品

我的店铺
DSR商品描述：4.9 服务分：28.5

28.5分
DSR商品描述：4.9

服务分   -100   0   30
DSR商品描述   1.9   3.9   5

图 6-3　DSR 商品描述的服务分

若考核指标的服务为 0 分，即平台认为该考核项是可以接受的最差水平临界点，需要请卖家引起注意。

6.1.2　卖家服务等级的考核周期

每日服务分的考核周期分三种情况，如图 6-4 所示。

	定义	服务分考核周期
不考核服务分	90天考核订单量<60笔	不考核
考核服务分	90天内考核订单量≥60笔 且开店时间<180天	90天
	过去90天内考核订单量≥60笔 且过去30天考核订单< 60笔 且开店时间≥180天	90天
	过去30天考核订单≥60笔 且开店时间≥180天	30天

图 6-4　卖家服务等级详情的考核周期

卖家具体属于每日服务分的哪个考核周期呢？请以后台提示为准，位置如图 6-5
所示。

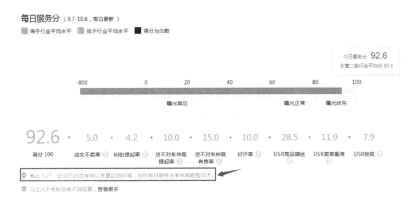

图 6-5　每日服务分

每个指标的考核周期也是以每日服务分的考核周期为准的，会有 30 和 90 天的区
别，具体考核周期请以每日服务包括后面的时间为准。例如，图 6-5 中，"DSR 商品
描述"的考核周期为（9.7~10.6）。

同时，每日服务分数越高，对每日搜索排序越有利（排序受多个维度影响，服务
分为其中一个影响因素）。

6.1.3　卖家服务等级考核的订单

考核订单指以下任意时间点发生在考核期内的订单：卖家发货超时时间、买家选
择因卖家原因并成功取消订单的时间、买家确认或确认收货超时时间、买家提起纠纷
时间、仲裁提起/结束时间、评价生效/超时时间。

6.1.4　卖家服务等级的分级标准&奖励资源

当月的服务等级是根据上月最后一天之前 30 天的每日服务分均值计算得来的，
不同等级的卖家将在橱窗数量、搜索排序曝光、平台活动等方面享受的资源奖励越多，
"优秀"卖家将获得"Top-rated Seller"的标志，买家可以在搜索商品时快速发现优秀
卖家，并选择优秀卖家的商品下单。指标表现差的卖家将无法报名参加平台活动，且

搜索排序上会受到不同程度的影响，如图 6-6 所示。

	优秀	良好	及格	不及格	不考核
标准	上月最后一天之前30天服务分均值 ≥ 90	90 > 上月最后一天之前30天服务分均值 ≥ 80	80 > 上月最后一天之前30天服务分均值 ≥ 60	上月最后一天之前30天服务分均值 < 60	
标题推荐数	3	1	0	0	0
Top Rated特殊标识	有	无	无	无	无
平台活动	优先参加	正常参加	正常参加	不允许参加	正常参加
营销邮件数	2000	1000	500	0	500

图 6-6　服务等级的分级标准&奖励资源

对过去 90 天考核订单量小于 60 笔的卖家而言，将与及格卖家享受同等的平台资源。

当月服务等级是根据上月最后一天之前 30 天的每日服务分均值计算得来的，用以给予每日服务分持续较好的卖家更多的奖励，我们可以在速卖通后台看到，如图 6-7 所示。

图 6-7　当月服务等级

这里需要注意的是，搜索排序曝光受每日服务分的影响，但是与当月服务等级无关。

新的服务等级于 2015 年 10 月 8 日生效，提前放款不再与每日服务分和每月服务等级挂钩。

6.2　卖家服务等级对店铺的影响

卖家服务等级对店铺的影响主要分成两种：每日服务分和当月服务等级，这里将会具体说明这两种系统评分对店铺的直接影响。

1．每日服务分

在 2015 年 10 月 8 日生效的卖家服务等级新的考核方式下，搜索排序曝光受每日服务分的影响，与当月服务等级无关。

系统会在卖家后台自动显示"每日服务分"的更新结果，每日服务分对卖家的影响会在每日更新分数后，立即对店铺的搜索权重产生影响，尤其是对每日服务分不及格的卖家的搜索权重降权特别明显。

比如，卖家店铺中某个单品单项服务分表现特别差，甚至为负分，进而导致今日整体的每日服务分呈现低于平台水平的不及格状态，那么平台对该产品的搜索降权会立即产生效果，如果卖家不针对负分的产品进行处理优化，搜索降权会影响整个店铺，买家可以从后台数据纵横的实时风暴中察觉。

2．当月服务等级

当月服务等级是根据上月最后一天之前 30 天的每日服务分均值计算得来的，对店铺的资源分配起着决定性的作用，从如图 6-8 所示的卖家服务等级可以看出，不同等级的卖家在享受相对资源上是不一样的。

卖家服务等级详解

	不及格	及格	良好	优秀
定义描述	上月每日服务分均值小于60分	上月每日服务分均值大于等于60分且小于80分	上月每日服务分均值大于等于80分且小于90分	上月每日服务分均值大于等于90分
橱窗推荐数	无	无	1个	3个
特殊标识	无	无	无	有
平台活动权利	不允许参加	正常参加	正常参加	优先参加
营销邮件数量	0	500	1000	2000

不考核卖家将与及格卖家享受同等的平台资源。

图 6-8　卖家服务等级详情

1．橱窗推荐数

优秀的店铺在获得速卖通平台的资源上有更多的扶持，优秀的店铺每个月可以获得 3 个橱窗推荐数，每个橱窗的有效期为 7 天，橱窗展示的产品曝光量有大幅度的提升，从而带动店铺的整体曝光量。.

2．搜索排序曝光加权

优秀店铺在搜索排序上享有曝光优先，更有优秀等级卖家的特殊标示"Top-rated seller"，能提升买家对该店铺的信任度。

3．平台活动权利

优秀的店铺针对平台的所有活动享有优先参加的特权，参加活动的产品有了更好的展示，就会提升店铺整体的曝光。平台活动的报名资格根据在审核时的服务等级状态，如果审核时不是"不及格"状态，则仍有可能被选中参加活动；如果审核时已经是"不及格"状态，则无法被选中。

4．营销邮件数量

优秀的店铺在当月可以获取 2000 个营销邮件数量，通过营销邮件，我们可以针对已交易过的买家进行邮件维护，同时也可以针对加购物车和收藏夹的买家进行邮件营销，有效地维护了新老买家。

6.3 如何提升卖家服务等级

影响服务等级的指标有 8 个维度：成交不卖率、纠纷提起率、货不对板仲裁提起率、货不对板仲裁有责率、好评率、DSR 商品描述、DSR 卖家服务和 DSR 物流服务。

各项指标的详解如图 6-9 所示。

考核项	单项满分	指标详解
成交不卖率	5	考核期内卖家未全部发货且（卖家发货超时 或者 买家选择卖家原因并成功取消订单）/考核期内（卖家未全部发货且（卖家发货超时 或者 买家选择卖家原因并成功取消订单）+全部发货的订单数）
纠纷提起率	5	考核期内（买家提起退款（dispute）订单数-买家主动撤销退款的订单数）/考核期内（买家确认收货+确认收货超时+买家提起退款（dispute）的订单数）
货不对板仲裁提起率	10	考核期内提交至平台进行裁决的货不对版纠纷数订单数/考核期内（买家确认收货+确认收货超时+买家提起退款（dispute）并解决+提交到速卖通进行裁决（claim）的订单数）
货不对板仲裁有责率	15	考核期内提交至平台进行裁决且最终被裁定为卖家责任的货不对板纠纷订单数/过去30天（买家确认收货+确认收货超时+买家提起退款（dispute）并解决+提交到速卖通进行裁决（claim）并裁决结束的订单数）
好评率	10	考核期内产生的好评数/（考核期内的好评数和差评数总和），更多规则查看这里
DSR商品描述	30	考核期内DSR商品描述的准确性平均分
DSR卖家服务	15	考核期内DSR沟通质量及回应速度平均分
DSR物流服务	10	考核期内DSR物品运送时间合理性平均分。（不包含采用线上发货 且 DSR物品运送时间合理性=1、2、3分的订单）

图 6-9　每日服务分各项指标详情

那么如何优化服务等级指标呢？

下面从平台 8 个维度的考核方式一一解析如何提升各项指标分值。

6.3.1　成交不卖率

1．"成交不卖"的定义

成交不卖包括以下两种类型：

- 买家对订单付款后，卖家**未在其设置的发货期内发货**导致订单关闭；
- 买家对订单付款后，买家在卖家发货前**申请取消订单，同时选择是卖家原因**。卖家原因包括：卖家上涨订单价格、卖家不回复买家的咨询、卖家无法使用买家选择的物流方式发货和商品缺货等。

2．如何避免"成交不卖"

（1）确保商品的准确性

特别注意产品价格、销售方式（打包方式）、库存情况（颜色和尺寸）、发货期，以及物流设置等信息是否准确无误。

（2）及时填写发货通知

在获得订单以及发货超时前，系统会通过邮件进行提示，请关注自己注册时的手机号码里的信息和邮箱推送的订单信息，卖家必须在交货期内发货，并在系统后台订单管理页面填写有效的货运跟踪号。请设置合理的发货期，以便有足够的时间去寻找货源，跟买家联系沟通。

（3）及时联系买家

因特殊原因无法按时发货时，请及时与买家积极协商，联系买家延长发货期，给予充足的备货期。

① **使用订单留言和站内信**。当买家的官方语言不是英语，而是小语种时，我们在处理信息的时候建议使用 Google 翻译。同时，我们在回复留言和站内信时需要注意语言简洁明了，语法简单，不要使用从句和复杂的单词，避免翻译出错。

② **使用 Trade manager**。在留言给买家时，可以采取在线留言，截取订单图片，

简明扼要地说明问题。

③ **打电话给客户**。我们需要针对不同国家的时差来进行电话沟通，避免给买家带来不必要的困扰，也可以将买家的联系号码试着存入手机中，查看买家是否有注册 what's App 聊天工具，同时也可以试着用买家的邮箱在 Skype 上搜索，查看买家是否有注册 Skype，然后试着跟买家去联系。

6.3.2 纠纷提起率

1."纠纷"的定义

纠纷的词语解释是"争执不下的事情；不易解决的问题"。

在速卖通平台交易的过程中所产生的纠纷属于交易纠纷，即在交易过程中产生了误会或者一方刻意隐瞒，从而无法使交易满意地完成。

卖家发货并填写发货通知后，买家如果没有收到货物或者对收到的货物不满意，可以在卖家全部发货 5 天后申请退款（若卖家设置的限时达时间小于 5 天，则买家可以在卖家全部发货后立即申请退款），买家提交退款申请时纠纷即生成。

买家在交易中提起退款申请时有两大类，分别是未收到货物以及收到货物与约定不符，这两大类又分不同的小类，分别如下：

* 未收到货物：运单号无效、发错地址、物流途中、海关扣关、包裹退回；
* 收到货物与约定不符：货物与描述不符、质量问题、货物破损、货物短装、销售假货。

2.如何避免纠纷

卖家应该明白，避免纠纷最有效的途径不是解决纠纷，而是预防纠纷。预防纠纷贯穿整个运营管理环节，卖家可以将这个过程分为发货前、发货中、运输中和妥投后四个过程。

在发布产品时，我们需要对产品描述适当，不夸大，性能参数表述清楚，不引起歧义，配件标准准确，列明发货方式和发货周期，同时我们也需要对货物品质进行把控，配备有专业技术的客服。

在发货过程中：我们需要进行拣货复核，做到不错、不漏发货，妥善包装，同时也需要合理申报，更正收货人名称及地址错误，贵重物品拍照称重留底，出货抽检，订单感谢留言及发货留言（提供 tracking number 及查询网址）。

在运输过程中：我们需要对包裹进行定期的物流跟踪，针对收件人名字错误、地址错误，以及扣关的订单及时通知买家，对于物流延迟的订单，我们积极地延时，对买家进行安抚并延期，特别是节假日的延迟。

在妥投后：针对某些产品，我们需要教买家正确的使用方法，针对有品质问题的产品，做到及时与买家沟通解决，尽量不要提交纠纷，针对漏发的产品及时补发。

6.3.3　货不对板仲裁提起率

1. 货不对板的仲裁提起定义

指买家收到的商品与达成交易时卖家对商品的描述或承诺在类别、参数、材质、规格等方面不相符。然后买家提出纠纷，买卖双方无法达成一致的协议，从而上升到平台裁决的纠纷订单。

2. 如何降低货不对板仲裁提起

货不对板的纠纷包括：货物与描述不符、质量问题、货物破损、货物短装、销售假货。

针对货物与描述不符的，参考以下案例。

① 标题计量单位与销售方式单位不一致：Piece or Set?

② 图片展示与销售方式不一致：One piece or Two?

③ 销售计量单位与产品的详细描述不一致。

④ 产品详细页面存在两张标准不一的尺码表。

⑤ 利用黑五类（其他特殊类）类目发布实体产品信息误导买家

我们在发布产品的时候要一一对应好，避免这样的问题产生误导买家，从而影响纠纷率。

针对质量问题，这是我们卖家可以把控的，所以在发货前做好对品质的检查。

针对货物短装，我们在发货时尽可能检查仔细，没有的货物一定在发货前与买家沟通好后再发。

针对货物破损，这个因素是不可控的，但是我们在发货时针对包裹的包装进行加强，可以有效地避免破损率。

针对销售假货的纠纷投诉，如果该店铺有授权销售的，请及时上传相关文件和产品资料，证明该产品为正品。

当买家提起纠纷后，由于这些原因导致的纠纷，我们需要及时与买家进行沟通，有时候买家也是很通情达理的，所以我们尽可能地沟通解决问题，让买家取消纠纷，重发或者补发该包裹。

6.3.4 货不对板仲裁有责率

1. 货不对板仲裁有责率的定义

指买家收到的商品与达成交易时卖家对商品的描述或承诺在类别、参数、材质、规格等方面不符。然后买家提出纠纷，买卖双方无法达成一致的协议，从而上升到平台裁决的纠纷。最终的裁决为货不对板，是卖家的责任。

2. 如何避免货不对板仲裁有责

我们尽量从源头做起，把控货物的品质，不要抱着侥幸的心理，减少纠纷的提起率。

6.3.5 好评率

1. 读懂平台规则

（1）不计入评分的情况

以下三种情况不计入评分。

- 买家未收到货，提起纠纷退款后，买家或者卖家同意退款协议，无论后期款项如何分配，买家如何评价，好评率和积分都不算；
- 纠纷订单因未收到货的原因至平台仲裁后，后续可能出现各类情况，买家撤诉、买家卖家仲裁再写上结案、平台判决买家责任（全额退款）、平台判决买家原因（部分或放款给卖家），好评率和积分都不算；

- 买家提起纠纷后，卖家五天响应超时的，无论后期款项如何分配，好评率和积分都不计算。

（2）评价生效

交易双方未在限期内完成互相评价和评价不公开，则不生效，不计分。

交易双方在限期内完成互相评价，评价及时公开，则生效，并计分。

限期内如果 A 方对 B 方留下评价，而 B 方未对 A 方留下评价，则系统不会给 A 方留下评价，在评价期结束时，B 方所得评价和计分生效。

（3）评价修改

买卖双方对对方给出的评价有异议的，可在评价生效后 30 天内联系对方进行修改，但修改仅限于中差评改为好评，修改次数仅限一次。

买卖双方也可以针对自己受到的差评进行回复解释。

对卖家分项评分，一旦买家提交，评分即时生效且不得修改，若买家信用评价被删除，则对应的卖家分项评分也随之被删除。

（4）删除评价

速卖通有权删除评价内容中包括人身攻击或者其他不适当的言论的评价-恶意差评投诉。

2．如何避免及解决差评

（1）完善服务

① 发货之后提醒卖家已经发货。

② 订单被平台关闭的及时回复。

③ 海关的扣关问题提前跟买家做好沟通回复，给予心理安慰。

（2）有效的沟通

有效的沟通是指交易过程中与卖家不断进行沟通，保持联系。

① 买家下单前应提前告知其需要等待的大概时间，发货后，应时刻关注物流状

态。

② 及时处理买家关于物品未收到的询问，作为卖家，应积极咨询货物物流状态，积极帮助解决问题，让买家体会到您的用心服务。

（3）自身要求严格把控

① 产品描述真实全面：买家对产品的要求根据产品的描述，产品的描述越详细越全面，买家的预期也会越接近实物，尽量在详情页上传上实物图。因此，真实、全面、详细的描述是避免差评的关键。

② 严把质量关：在发货之前对产品进行充分检测，保证产品的质量。

③ 杜绝假货，仿牌产品。

（4）做好中差评营销

对每一个好评和差评，根据内容做好评价回复，好评表示感谢或者引入一些店铺的广告，对解决不了的差评回复要全面，对产品的质量问题是否因为买家的操作不当所导致，对日后买家购买此产品需要注意的问题都可以写在回复里。

（5）催评

制定催评模板，针对不同情况给买家发送不同的留言或站内信.以下模板可供参考。

模板一：

刚发货后，提醒买家注意收货后留好评。

Dear***,

We are happy to inform you that your order has been dispatched via xxx（物流方式）. and the tracking number is xxxxxxxxxxxx (运单号). The normal delivery duration should be around xx -~xx days (运达时间). If you CAN NOT receive your parcel within xx days. plz let us know.

After receiving your package, please kindly   leave a positive 5 starts feedback to us. It will be very helpful to us. Thank you for your time.and we look forward to servicing you again. We hope you enjoy your shopping journey on Aliexpress!

Your sincerely

Seller Name

模板二：若物流已妥投或者已经到达目的国，可提醒卖家确认收货及留评。

Dear***,

According to the status shown on Aliexpress. we are very happy you have received your parcel. Thank you again for shopping in our store. we hope you are satisfied with our product and service.

If you feel good with everything. please kindly leave a positive 5 stars feedback to us. If there is any problem. please feel free to tell us. Thank you very much and have a good day！

Your sincerely

Seller Name

模板三：收到评价后

A：如果收到好评，一定要对买家进行答谢，有助于买家再次转化。

Dear***,

Thank you for your positive feedback. It's very important for us and keeps us move forward.

You can find out more interesting products from our store. We will offer you xx% off discount for next order (下次购买给折扣). we would like to build up long-tern relationship with you. If there is anything we can do for you. please feel free to tell us. Thanks again for positive feedback and have a good day！

Your sincerely

Seller Name

B：如果收到中差评，则一定要让买家说出不满意的地方并及时弥补，可以引导买家修改好评。

Dear***,

We feel very sorry that you are unsatisfied with our product or service. Please contact us at any time to tell us the problem when you are available. We will do our best to resolve your problem. We hope you can revise your negative feedback into a 4 or 5 stars positive feedback. Sorry for any inconvenience. If there is any problem, please feel free to tell us. Thank you very much.

Your sincerely

Seller Name

（6）如何修改评价

对于修改评价的步骤，可以发送如下模板给买家。

If you made a mistake in leaving feedback for a seller,you can revise it with 30days of being posted.

How do I revise feedback for my seller:

1. Sign into My Aliexpress

2. Go to **Transactions**,click **Manage Feedback**（Under Feedback）

3. Then click **Active Feedback.**choose an order and click the **Revise Feedback** button

4. On the Request Buyer Feedback Revision page,enter your reason and click Revise Feedback.

① You can only revise feedback once after your original feedback is posted.（评价只能修改一次）。

② You can only revise feedback within 30days of your original feedback being posted（修改评价必须在第一次评价后的三十天之内）。

③ The feedback can only be revised from negative/Neutral to positive.（评价只能从中差评改成好评）。

买家页面的评价修改截图如图 6-10 所示。

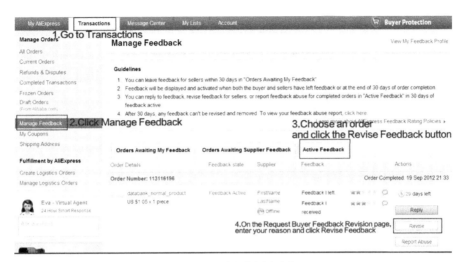

图 6-10　中差评改好评

6.3.6　DSR 考核

1. DSR 考核标准

卖家服务等级评分系统（Detail Seller Ratings，DSR）包括以下三项评分原则。

- 商品描述的准确性（Iterm as described）；
- 沟通质量和回应速度（Communication）；
- 物品运送时间合理性（Shipping speed）。

平台考核的项目为：DSR 商品描述、DSR 沟通质量和 DSR 物流服务。

DSR 三项评分为匿名评分，一旦给出评分，则无法修改，同时 5 美元以下的订单不计入 DSR 考核。

2. 卖家如何提升 DSR 分值

1）针对 DSR 商品描述，卖家为了提高店铺转化率，一般都会尽力做好图片，做最精致的动态图和详情页描述，但往往造成实物与描述相差较大的问题。所以，我们在上传宝贝时，标题描述和产品要一致，设置好尺码和颜色，6 张产品展示完整，完善详情页面，增加产品信息量，加以实物图为佳。

2）针对 DSR 沟通质量，我们的客服需要在最短的时间内有效地回复站内信、留言，以及旺旺上的消息，对经常出现的问题建立模板，旺旺中设置快捷回复模板。在询盘中给出详细、精准的产品描述，了解买家的购物习惯，推送相关性高的产品给询盘的买家，站在买家的角度想问题，客服的服务态度、响应时间、专业知识和售后都尤为重要。

3）针对 DSR 物流服务，尽量选择"线上发货"的物流方式，有效地保证物流时效。漫长的收货等待时间也会极大地影响到买家的购物体验，建议卖家在发货后，将更详尽的物流信息发给客户。虽然速卖通发货后会通知客户，但那些信息不足以解决客户的问题。卖家应将发货时使用的物流公司、物流编号、跟踪网站等信息告知客户，并留下联系方式，如旺旺账号、邮箱、电话以及时下流行的聊天工具 What's App 等。

针对前期评分比较差的单品，我们在后期发货时除把控产品的服务外，还可以以赠送礼物的方式或者赠送优惠券的形式让买家在评分上给予好评。

第 7 章

纠纷的预防和处理

本章要点：

- 纠纷的定义

- 纠纷的影响

- 纠纷—仲裁的基本流程及细则

- 纠纷案例分析与点评

- 纠纷的预防

- 纠纷 Tips

纵观速卖通平台交易中发生的各种各样的纠纷，卖家有着不尽相同的意见和看法，甚至是抱怨。本章力求从系统的角度来阐述纠纷的种类和影响，介绍目前平台纠纷处理的流程以及纠纷相关的平台规则，陈述处理常见纠纷的注意事项，最后提出预防纠纷的重要性，并从不同维度给出预防纠纷的建议。希望卖家重视纠纷的预防，做到以预防为主，防治结合。因平台规则实时变动，本章内容以编辑期间的规则为依据，若有变动，请参考平台相关规则的变更内容。

7.1　纠纷的定义

1. 广义上的纠纷定义

汉语词典对纠纷给出的解释是"争执不下的事情或者不易解决的问题"。生活中的纠纷主要有经济纠纷、民事纠纷、医疗纠纷、劳动纠纷、合同纠纷、交易纠纷、旅游纠纷等。

2. 速卖通平台纠纷的定义

全球速卖通平台交易过程中所产生的纠纷属于交易纠纷，即在交易过程中产生了误会或者一方刻意隐瞒，从而无法使交易顺利完成。本章内容主要阐述速卖通交易过程中产生的各种纠纷。

7.2　纠纷的种类及影响

7.2.1　纠纷的种类

买家在交易中提起退款申请时有两类纠纷，一类是买家未收到货物而产生的纠纷，俗称未收到货，另一类是买家收到货物，但货物与约定不符导致的纠纷，俗称货不对板。

1. 未收到货

平台未收到货的纠纷主要涵盖查无物流信息、物流显示已妥投（买家仍投诉未收到货物）、海关扣关、货物在运输途中、货物原件退回、卖家私自更改物流方式等。下面将一一介绍。

（1）查无物流信息

定义：卖家填写的运单号在物流网站查不到跟踪信息。

（2）物流显示已妥投（买家仍投诉未收到货物）

这种类型分为以下两种情况。

① 物流妥投地址与买家下单地址匹配，即物流信息显示已妥投，且物流妥投国家与买家下单地址国家一致，省份、城市、邮编和签收人均一致。

② 物流妥投地址与买家下单地址不匹配，即物流信息显示已妥投，但物流妥投信息与买家下单地址不一致。

（3）货物在海关被扣

定义：物流信息显示货物在海关，货物由于涉及进口国海关要求而被扣留。海关扣留所涉及的原因包括但不限于以下原因：

① 进口国对进口货物有限制。

② 买家因关税过高不愿清关。

③ 订单货物属假货、仿货、违禁品。

④ 货物申报价值与实际价值不符。

⑤ 卖家无法出具进口国需要的相关文件。

⑥ 买家无法出具进口国需要的相关文件。

（4）货物在运输途中

定义：包裹在物流公司官方网站的物流追踪信息介于"收寄"和货物"妥投"之间的情形，包括但不限于以下几种情形：离开中国、发往某地、到达某某邮局、未妥投。

（5）货物原件退回

定义：物流有跟踪信息，且跟踪信息显示货物被退回。

（6）卖家私自更改物流方式

定义：未经买家允许，卖家使用与买家下单时选择的不同物流方式发货。

2．买家拒签

定义：买家拒绝签收包裹。买家拒签包括有理由拒签和无理由拒签。有理由拒签是指当货物递送至买家（包括买家代表）时，买家发现货物存在肉眼可见的货物损坏或与订单不符的情况，如货物破损、短装、货不对板等情况，买家当场拒绝签收；无理由拒签，即货物递送到买家（包括买家代表）时，买家无任何理由拒绝签收。

3．货不对板

货不对板是买家收到货物但货物与约定不符，包含货物与描述不符、质量问题、销售假货、发错货物、货物短装、货物破损、退货等。

（1）货物与描述不符类

定义：买家收到的货物与卖家在网站相应的产品详情页面的描述，存在颜色、尺寸、产品包装、品牌、款式/型号等方面的差距。

① **颜色不符**是指所收到货物的颜色与产品描述（图片和描述）有不符。

② **尺寸不符**是指所收到货物的尺寸与产品描述不符。

③ **产品包装不符**是指所收到货物的内包装与描述有不符（无包装、包装不符、包装破损和污渍）。产品包装是指产品本身所有的包装（邮局、卖家使用的外包装除外）。

④ **品牌不符**是指所收到货物的品牌与描述不符。

⑤ **款式/型号不符**是指所收到货物的型号/款式与产品描述（图片和描述）有不符。型号/款式是指产品的性能、规格和大小等。

（2）质量问题

定义：买家所收到的货物出现品质、使用方面的问题，如电子设备无法工作、产品的质地差等。

（3）销售假货

定义：买家收到货物后因货物为侵权假冒产品或涉嫌侵权假冒产品而提起退款。

（4）货物短装

定义：买家所收到的货物数量少于订单上约定的数量。

（5）货物破损

定义：买家所收到的货物存在不同程度的外包装（限产品自身包装，如手机产品的外包装，且邮局、卖家使用的外包装除外），或者产品本身有损坏的情况。

（6）买家收到货物后退货

定义：买家收到货物后，经买卖双方达成协议后退货，或者买家未与卖家协商即自行退货。

（7）赠品问题纠纷

定义：卖家没有按照约定寄送赠品而导致的纠纷。

7.2.2　纠纷的影响

纠纷一旦提起，其影响不局限于买卖双方，同时还影响着买家对平台的信任。

1．影响买家的购物体验

影响买家的购物体验主要体现在以下不同方面所产生的不良购物体验，即买家收到的货物与描述不符、收到的货物质量有问题、运单号无效、长时间无货物跟踪信息等。

2．影响买家对平台以及卖家的信任

由于买家的购物体验不好，买家不仅对卖家的信任产生质疑，还间接地影响买家对平台的信任，因而质疑速卖通平台、平台供应商和其产品，最后产生恶性循环。

3．影响交易顺利进行

纠纷的产生会直接影响交易的顺利进行，首先，体现在客源流失，即买家对卖家失去信心，因而失去二次交易的机会；其次，体现在延长了资金回款周期。因纠纷订单的款项将被平台暂时冻结，所以导致无法正常放款和退款，进而影响资金流动。

7.2.3　纠纷的处罚

由于纠纷对买卖双方以及平台都会造成不同程度的影响，平台对卖家纠纷相关的指标进行考核，然后进行处罚。根据平台最新服务等级规则更新，纠纷处罚措施如图

7-1 所示。

指标	考核点	处罚措施
纠纷提起率	买家提起纠纷订单减去买家主动撤销纠纷订单的情况	影响卖家的产品曝光
货不对板裁决提起率	卖家未解决的货不对板纠纷提交至平台裁决的情况	影响卖家的产品曝光，比率过高会导致产品一段时期内无法被买家搜索到
货不对板卖家责任裁决率	速卖通裁决的货不对板卖家责任纠纷订单的情况	

图 7-1　处罚措施

1．纠纷提起率

定义：买家提起纠纷扣除买家主动撤销纠纷的订单数与发货订单数之比。

计算方法：纠纷提起率=考核期内（买家提起退款（dispute）订单数–买家主动撤销退款的订单数）/考核期内（买家确认收货+确认收货超时+买家提起退款（dispute）的订单数）

2．货不对板裁决提起率（又名货不对板仲裁提起率）

定义：买卖双方对买家提起的货不对板退款处理无法达成一致，最终提交至速卖通进行裁决（claim），该订单即进入纠纷裁决阶段。货不对板裁决提起率是指一定周期内提交至平台进行裁决的货不对板订单数与发货订单数之比。

计算方法：货不对板裁决提起率=考核周期内提交至平台进行裁决的货不对板纠纷订单数/考核周期内（买家确认收货+确认收货超时+买家提起退款（dispute）并解决+提交到速卖通进行裁决（claim）的订单数）

3．货不对板卖家责任裁决率（又名货不对板仲裁有责率）

定义：纠纷订单提交至速卖通进行裁决（claim）时，速卖通会根据买卖双方责任进行一次性裁决。货不对板卖家责任裁决率指一定周期内提交至平台进行裁决且最终被判为卖家责任的货不对板订单数与发货订单数之比。

计算方法：货不对板卖家责任裁决率=考核周期内提交至平台进行裁决且最终被裁定为卖家责任的货不对板纠纷订单数/考核周期内（买家确认收货+确认收货超时+买家提起退款（dispute）并解决+提交到速卖通进行裁决（claim）并裁决结束的订单数）

注意：

- 货不对板纠纷上升到平台的订单会影响到裁决提起率，货不对板裁决提起率过高，就会影响到产品曝光，同时也会影响店铺的 ODR；
- 如果您对具体订单的处理有异议，可以通过论坛右侧的小何在线人工客服联系反馈具体的订单号和凭证，工作人员会提交处理部门再次核实。

7.3　纠纷—仲裁基本流程及细则

7.3.1　纠纷—仲裁基本流程

图 7-2 是平台处理纠纷的基本流程，下面将详细介绍。

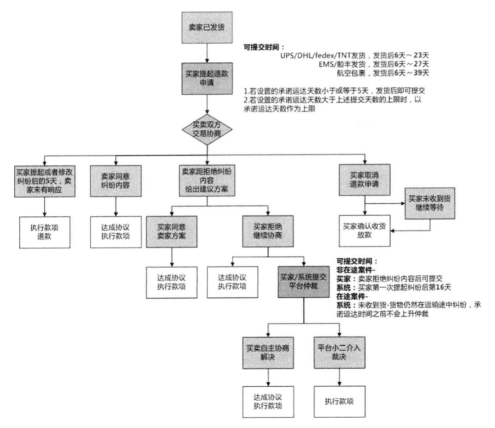

图 7-2　纠纷处理基本流程

跨境电商客服——阿里巴巴速卖通宝典

1. 买家提起退款申请（即提起纠纷）

（1）买家提起纠纷的原因

① 未收到货。

② 收到的货物与描述不符。

（2）买家提起纠纷的时间

卖家填写发货追踪号以后，根据不同的物流方式，买家可以在不同的期限内提起退款申请。

① 系统默认的时间。

商业快递（UPS/DHL/FEDEX/TNT）：第 6～23 天。

EMS/顺丰：第 6～27 天。

航空包裹发货：第 6～39 天。

若设置的运达时间小于或等于 5 天，卖家发货后，买家即可提起纠纷。

② 若设置的运达时间大于系统默认的运达时间，以卖家设置的承诺运达时间为上限；

③ 平台在 2015 年 6 月 18 日更新规则，对自 2015 年 6 月 25（美国时间）起创建的订单保护期延长至交易完成（买家确认收货/收货超时）后的 15 天。即交易完成后的 15 天，买家依旧可以提起纠纷。目前纠纷的处理原则不变，但买家由于以下情况提交的纠纷，平台将不再进行保护。

- 商品影响二次销售；
- 买家操作不当导致的质量问题。

（3）买家端操作

在订单的详情页中，买家可以看到按钮"Open Dispute"，单击该按钮就可以提交退款申请，当买家提交退款申请时纠纷即产生。提交后，买卖双方可以就退款申请进行协商解决，协商阶段平台不介入处理。

2. 买卖双方协商

买家提起退款申请后，需要卖家确认，卖家可以选择同意纠纷内容，然后进入纠

130

纷解决阶段，或者拒绝纠纷内容，与买家进一步协商，等待卖家响应的纠纷界面如图 7-3 所示。

订单号：

纠纷状态：买家已提起纠纷，等待您确认

提醒：买家已经提起了纠纷，请及时主动和买家协商解决此纠纷。

如您未能在 🕐 4 天 11 时 42 分 53 秒 内接受或拒绝买家提出的纠纷，则系统会根据买家提出的退款金额执行。

注意：如买家有退货要求，但由于您未及时响应导致无法确认退货地址，系统将视为您放弃退货。

了解更多的纠纷规则/了解纠纷率的影响

接受　　**拒绝**

纠纷信息

退货原因：

是否收到货物：收到

是否退货：否

纠纷原因：货物短装

纠纷订单总额：US $ 6.86(产品价格 US $ 6.86 + 可退运费 US $ 0.00)

退款金额：US $ 1.00

纠纷提起时间：2015-08-01 06:08

是否退货：否

请求详情：Hi, my friend. You put less.... You wrote 144 pieces, I received only 139 pieces, from them the 5th marriage, low-quality, fall off. I ask to return $1

图 7-3　待卖家响应订单截图

（1）卖家同意纠纷内容

若卖家同意买家提起的退款申请，可单击"同意纠纷内容"并进入纠纷解决阶段。买家提起的退款申请有以下两种类型。

① 买家未收到货，申请全额退款：卖家接受时，平台会提示卖家再次确认退款方案，若同意退款申请，则退款协议达成，款项会按照买家申请的方案执行退款。

② 买家申请部分退款不退货：卖家接受时，平台会提示卖家再次确认退款方案，若同意退款申请，则退款协议达成，款项会按照买家申请的方案执行部分退款及部分放款，如图 7-4 所示。

图 7-4   接受买家纠纷方案截图

③ 买家要求退款退货：若卖家接受，则需要卖家确认收货地址，默认卖家注册时填写的地址，若不正确，则单击"修改收货地址"进行修改。

卖家确认收货地址后，需要等待买家退货，买家需在 10 天内填写退货单号，若 10 天内未填写，视买家放弃退货，系统直接放款给卖家。卖家确认收货地址后，到买家填写退货订单号的 30 天内，卖家均可以选择放弃退货，则系统就直接退款给买家。

若买家已经退货，填写了退货单号，则需要等待卖家确认。

卖家需在 30 天内确认收到退货：

- 若确认收到退货，并同意退款，则单击"确定"按钮，速卖通会退款给买家；
- 若卖家在接近 30 天的时间内，没有收到退货，或收到的退货货不对板，可以提交至平台进行纠纷裁决，平台会在 2 个工作日内介入处理，卖家可以在投诉举报平台查看状态及进行响应。平台裁决期间，卖家也可以单击"撤诉"撤销纠纷裁决；
- 若 30 天内卖家未进行任何操作，即未确认收货，未提交纠纷裁决，系统会默认卖家已收到退货，自动退款给买家。

（2）卖家拒绝纠纷内容

若卖家不接受买家的退款申请，可以单击"拒绝纠纷内容"按钮，并填写卖家建议的解决方案（操作页面如图 7-5 所示，该表内所填写的退款金额和拒绝理由均是卖家给出的解决意见，若买家接受，则退款协议达成，若不接受，则继续协商）。附：

① 买家若未收到货提起退款申请，拒绝时的附件证明必须上传，您可以提供发货底单、物流公司的查单、物流官方网站的查询信息截图等证据，证明您已发货及物流状态。

② 买家提起货不对板的退款申请，拒绝时的附件证明为选填，您可以提供产品发货前的图片、沟通记录、重量证明等证据，证明您如实发货。

拒绝退款申请后，需要等待买家确认（如图 7-6 所示）。若买家接受卖家的方案，则退款协议达成，款项会按照双方协商的方案执行；若买家不接受卖家的解决方案，可以选择修改退款申请，再次与卖家确认，继续协商。

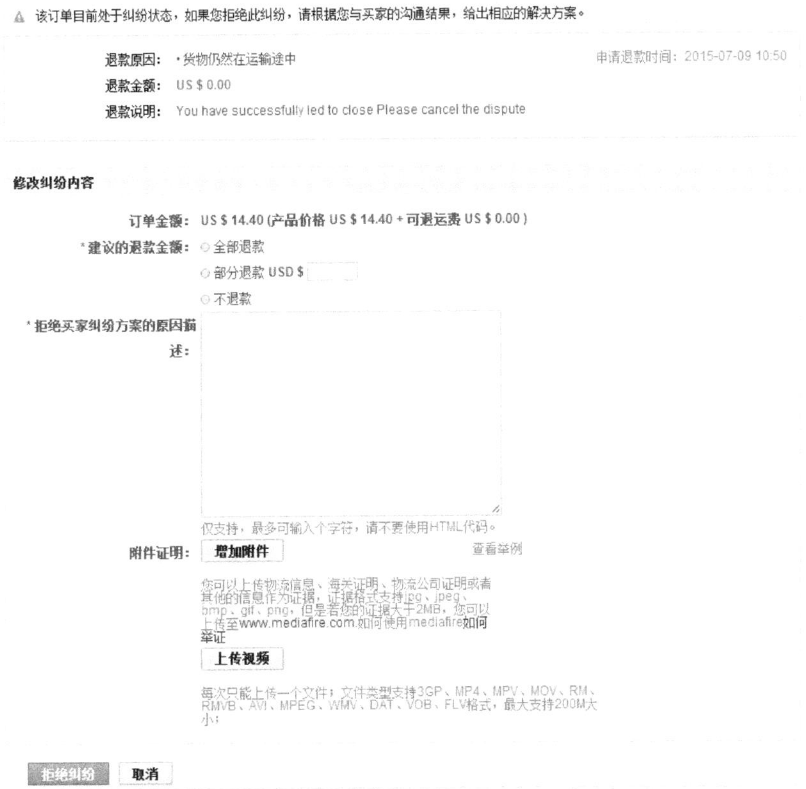

图 7-5　拒绝纠纷具体界面

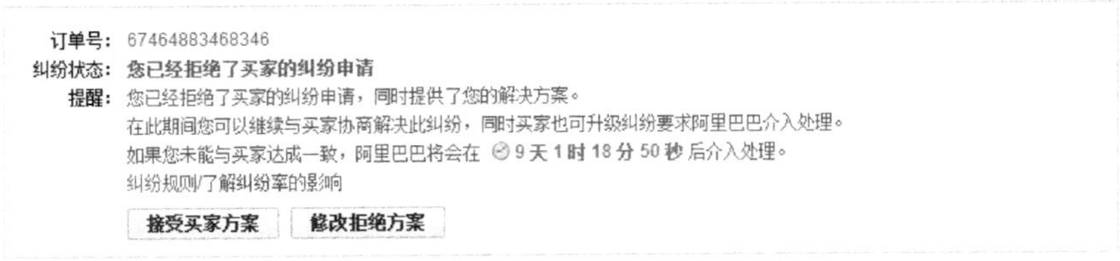

图 7-6　已拒绝纠纷界面

（3）买家取消纠纷

在买卖双方协商阶段，买家可取消退款申请即纠纷，若买家因为收到货物取消了退款申请并确认收货，则交易结束进入放款阶段；若买家因为其他原因取消（如货物在运输途中，愿意再等待一段时间），则继续进行交易流程。

7.3.2 纠纷处理细则

1. 纠纷提起时间

（1）提起要求

纠纷提起的前提条件必须是卖家全部发货后，否则买家无法提起纠纷。如果卖家还没有发货，买家可以选择取消订单，所以也不需要提起纠纷。

（2）根据卖家设置的承诺运达而不同

- **若小于 5 天**，则买家在卖家全部发货后就可以提起纠纷；
- **若大于或等于 5 天**，则买家在卖家全部发货后的 5 天后可以提起纠纷。

举例说明：

① 某产品卖家承诺的运达时间为 DHL 2 天，则该订单在卖家全部发货后，买家就可以提纠纷。

② 某产品卖家承诺的运达时间为 China Post Registered Air Mail 20 天，则该订单在卖家全部发货 5 天后才可以提纠纷。

2. 纠纷提起时效

由于平台纠纷规则更新，买家可在订单发货后第 6 天到订单结束 15 天内仍可以提起纠纷，卖家提起纠纷的时效相继变长。一方面，对卖家产品和服务增加了新的考验，更要注重产品的质量以及服务；另一方面，因为订单保证期延长，一定程度能提高买家主动确认收货的意愿。

3. 纠纷提起人及提起次数

通常情况下，速卖通的纠纷只能由买家提出，不可以由卖家提出。只有在买卖双方达成退货协议后，卖家在收货阶段能提起纠纷，其他阶段卖家无法提起纠纷。

买家在订单上升平台之前可以反复提起纠纷，直至双方协商出解决办法，或者等系统自动上升平台。

4．纠纷响应时间

无论何种原因的纠纷，当买家提交或修改纠纷后，卖家必须在 5 天内"接受"或"拒绝"买家的退款申请，否则订单将根据买家提出的退款金额执行。目前错过 5 天反应期的订单及卖家数不胜数，而且这种损失是难以挽回的。希望卖家朋友能把握住这 5 天的反应期。

5．纠纷上升平台裁决

如果买卖双方协商达成一致，则按照双方达成的退款协议进行操作；如果无法达成一致，则提交至速卖通进行裁决。纠纷提交速卖通进行纠纷裁决后的两个工作日内，速卖通会介入处理。

若买家提起纠纷退款，只要卖家拒绝了纠纷，在等待买家响应或等待卖家响应阶段，买家都可以将订单升级到平台裁决。

若买家第一次提起退款申请后 15 天内未能与卖家协商一致达成退款协议，买家也未取消纠纷，系统会在第 16 天自动提交速卖通进行纠纷裁决。

若买家提起的退款申请原因是"货物在途"，则系统会在限时到达后的第 6 天自动提交速卖通进行裁决。

卖家可以提出裁决，如果您与买家达成退货退款协议，买家已填写退货运单号，订单状态为**等待卖家收货**，退货后的 30 天内，如果卖家没有收到退货或者收到的退货有问题，此时卖家可以提出裁决（即将纠纷上升到平台）并上传证明。

总之，对于纠纷，为提高买家体验和对全球速卖通平台及平台卖家的信心，全球速卖通鼓励卖家积极与买家进行协商，尽早达成协议，尽量减少或避免全球速卖通的介入；如果纠纷提交至平台，平台会根据双方提供的证据进行一次性裁决，卖家同意接受速卖通的裁决，并且，如果速卖通发现卖家有违规行为，会同时对卖家给予处罚。

7.4　纠纷案例分析与点评

为了让读者更好地掌握纠纷的处理方法和技巧，笔者整理了部分涉及纠纷沟通的实战案例与大家分享。因下文中都是真实案例节选出来的，当事人的处理方式和语言表达或许存在不当之处，但笔者建议读者注意体会案例中的纠纷处理思路，不必过于纠结文中案例英语语法上存在的不妥之处，我们深知在纠纷处理方面没有统一的范式和规则，仁者见仁，智者见智。希望以此抛砖引玉，促进大家在纠纷预防和处理方面的能力提升。另外，鉴于速卖通订单留言的展现形式，请以订单留言截图中的时间先后顺序（从下到上）进行阅读。

7.4.1 未收到货纠纷案例

由于国际运输周期较长，运输时间受到多方面因素的影响，而且卖家无法控制。因而物流方面的纠纷相比国内电商复杂得多，物流纠纷率也一直居高不下，主要包括查无物流信息、物流显示妥投（买家仍投诉未收到货物）、海关扣关、货物在运输途中、货物原件退回、卖家私自更改物流方式等。

1. 查无物流信息

此类纠纷较为简单，导致此纠纷的原因通常情况包括以下几种类型。

（1）包裹在物流信息上网前丢失

若是此类纠纷，一般是货代或者运输方不慎将包裹遗失，以致没有物流信息。如遇到此纠纷，先安抚买家，同时迅速与货代查单，查清问题的真相。如果确实是包裹丢失，将实际情况告知买家。卖家根据产品情况考虑是否要重新发货。如果卖家愿意重新发货，建议先通过订单留言告知买家可以安排重新发货，买家是否愿意等重新发货的产品；如果不愿意，卖家可以考虑退款。

（2）发货通知填写出错

这种情况可能是卖家不慎将单号填写错误，或者错选运输方式，导致物流信息无法正常显示。若是这种情况，将正确的信息更新给买家，同时告知买家实际情况。正常情况下，买家看到信息后一般会取消纠纷。

（3）包裹有转单号，但没有填写

假若包裹有转单号，将转单号告知买家，并告知包裹最新状态，以及查询地址，同时引导买家取消纠纷。

以下是"运单号无法查询到物流信息"的纠纷案例。

（1）订单留言

卖家累计给买家发送了 16 条订单留言，买家从未回复。因中间内容雷同，所以仅截取了起始和最后的订单留言图，如图 7-7 所示。

图 7-7　订单留言

（2）纠纷历史

纠纷历史信息如图 7-8 所示。

纠纷历史

发起方	是否收到货	是否退货	退款金额	日期	操作	原因	附件
系统				2015-07-14 02:20	仲裁结束		
系统				2015-07-13 01:49	裁决	详情	
卖家				2015-07-10 19:28	响应	Dear AE platform,I am still can not contact with the buyer,please help me.	
卖家				2015-07-09 04:30	响应	Being a seller on the AE platform,we had delivery the package to the buyer as soon as we can and the package was delivery to the city of the buyer.We think the buyer should cancel the dispute and pick the package up in time We don't think this is all our fault.We want to contact with the buyer and solve the problem in a peaceful way.We want a fair judge.	
卖家				2015-07-09 04:29	响应	We tried our best to contact the buyer but failed.The package was ready to pick up but the buyer had no news and now the package had delivery to Mr Lc Vnukovo cex-1 102976. Processing. Left international office of exchange.We are so worried and upset.	
系统				2015-07-08 22:57	判责	详情	
卖家				2015-07-01 22:14	响应	We delivered the item to the buyer but the buyer placed an dispute without contact us.We wanted to solve the problem and we written many letters to the buyer but get no reply.May be the buyer had something busy during the time.We are so worried for the order.We hope the buyer can contact us and we want to solve the problem in a friendly way.The trace information showed the item	
系统				2015-07-01 19:47	判责	详情	
卖家		否	US $ 0.00 (RUB 0.00 py6)	2015-06-30 19:10	申请退款结案		
系统				2015-06-29 11:00	发起仲裁		
卖家	未收到	否	US $ 0.00 (RUB 0.00 py6)	2015-06-16 03:56	拒绝	Dear,the product is on the way to you.Please give us more understanding and patience.Thank you!	
买家	未收到	否	US $ 20.79 (RUB 1,090.23 py6)	2015-06-14 10:59	发起纠纷	The goods are not delivered	

图 7-8 纠纷历史

（3）平台判责和裁决

第一次判责如图 7-9 所示。

图 7-9　第一次判责

第二次判责如图 7-10 所示。

图 7-10　第二次判责

平台裁决如图 7-11 所示。

图 7-11   平台裁决

（4）纠纷详情及仲裁结果如图 7-12 所示。

纠纷详情

订单号：66929970991382

纠纷状态：仲裁已结束

提醒：您的仲裁纠纷已经结束。

请在纠纷详情记录中查看结果。

了解更多的纠纷规则

纠纷信息

纠纷原因：

是否收到货物：未收到

是否退货：否

纠纷原因：运单号无法去查询到物流信息

纠纷订单总：US $ 20.79（产品价格 US $ 20.79 + 可退运费 US $ 0.00）RUB 1 090.23 py6.（产品价格 RUB 1 090.23 py6.
额：+ 可退运费 RUB 0.00 py6.）

退款金额：US $ 20.79（RUB 1 090.23 py6.）

纠纷提起时：2015-06-14 10.06
间：

是否退货：否

请求详情：Dear the product is on the way to you. Please give us more understanding and patience.Thank you!

图 7-12   纠纷详情和仲裁结果

（5）案例点评

本例是一个典型的因国际物流问题而导致买家投诉"未收到货"的纠纷。虽然本例是一个失败案例，但从客观角度而言，卖家从操作层面上已经做了大量工作，通过积极举证和沟通，使得纠纷从发起到平台裁决时间延长了将近一个月（纠纷提起时间为 6 月 14 日，纠纷结束时间为 7 月 14 日）。理论上为物流的妥投赢得了时间，但不幸的是，由于某种原因导致包裹已经离开买家地址，最终导致"未收到货物"的投诉成立，该案以全额退款给买家而结案。

该案例值得我们学习的内容还有很多，面对纠纷，卖家应尽量抓住一切可能的机会去面对，并积极沟通，哪怕是和案例中的一样，卖家自始至终都是单方面沟通，在站内信中未得到买家任何回应，但是卖家仍然保持着沟通，这种精神是值得我们学习和效仿的，服务做到位，无论买家回应与否，我们的沟通服务都在那里。同时通过举证沟通以及与平台纠纷处理人员的互动，的确是为包裹的可能妥投赢得了时间，平台的纠纷处理人员并没有那么快地判责结案，而是又给了时间告知平台会联系买家取回包裹。只是不幸的是包裹离开了买家所在地，我们"无力回天"了，然而理论上属于小概率事件。

我们有理由相信类似的纠纷，只要我们保持积极沟通，并积极配合平台，争取最大限度地赢得时间，从某种意义而言有利于解决此类纠纷。

2. 物流显示妥投（买家仍投诉未收到货物）

有关买家已收到货，物流显示妥投后，如果买家一直强调未收到货物，由于我们看到的物流信息一般是显示到了城市，无法精确到签收人或者区，所以此类案件需要卖家提供相应的发货底单，核对买家地址，地址一致的情况下，会操作放款。

- 根据物流信息积极与买家协商解决问题，达成一致的解决意见；
- 积极提供发货底单或者发货照片。

下面举一个具体的案例进行分析。

案例背景：买家以未收到货为由提起纠纷，卖家经过查证后发现此包裹已经妥投，而且物流官网查询该件已经妥投在买家的邮箱（mailbox）。

以下是卖家发给买家的订单留言：

> 2015-04-28 18:22:36
>
> Dear Friend,
>
> Whenever you meet any problems, you can directly contact us, there is no need to open the disputes.

Due to the weight limit, we sent your parcel in 2 parcels with 2 tracking number LN848064174CN and LN864724825CN.

For the rest 6 pieces, they are in the parcel LN864724825CN. You can track it on USPS website.

The information is "2015-04-27 13:14 BROWNSVILLE, TX 78520, Delivered, In/At Mailbox, Your item was delivered in or at the mailbox at 1:14 pm on April 27, 2015 in BROWNSVILLE, TX 78520."

It showed that the parcel has been delivered at the mailbox on Apr-27. Kindly suggest that you can go to the mailbox to pick up your parcel. Thank you for understanding.

What's more, the dispute you have opened is very critical to us and will even frozen our account

Could you kindly help us close the dispute?

Thank you so much for your understanding

Waiting for your reply

Best regards!

Sincerely

Andy

卖家在沟通上做得非常细致，第一句告知买家，如果订单遇到问题并不需要提起纠纷，可以直接联系买家。一方面，让买家知道解决问题的方式不只是提纠纷，通过跟卖家沟通一样可以处理。另一方面，卖家是在引导买家以后的购物习惯。

卖家第二句到第五句都在告知买家订单的客观情况，是由于订单重量限制以致必须分成两个包裹发货，以及两个包裹当时的状态。这段话不仅篇幅较长，加上里面还有包裹跟踪信息，看起来相当复杂。在订单留言里，如果卖家附上 USPS 官方查询结果（见图 7-13），买家不仅一目了然，而且邮件内容会简洁很多。

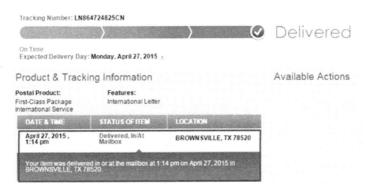

图 7-13　USPS 查询结果

倒数第二段，卖家再次提醒买家纠纷对卖家产生的恶劣影响，并引导买家取消纠纷。这点很重要，因为有的买家认为纠纷只是一种沟通渠道，并不知道纠纷对卖家的影响。如果卖家告知了买家这一点，而且处理纠纷态度诚恳并乐意解决买家的问题，大部分买家是愿意取消纠纷的。

图 7-14 是买家经过与卖家进行沟通后同意取消纠纷的截图。

图 7-14　买家取消纠纷后的截图

3. 海关扣关

卖家原因引起的海关扣关原因如下：

① 因假货无法清关。

② 申报价值（过低或者过高）导致买家需要支付罚金或无法清关。

③ 卖家进口国证照问题，卖家应主动联系买家，询问所需的证照。

卖家需要对产品在进口国进行任何登记和许可，对产品获得进口国或进口国认可的机构的认证、检测、证明，或卖家需在出口国或进口国获得任何许可、牌照：

- 欧盟国家需要 CE 认证（电子产品）；
- REACH 认证（欧盟国家对化学品、物品的一种法规），若是对化学品，是指 REACH 注册，物品是指 REACH 检测；
- RoHS 指令（争对电子类产品的限制）；
- EN（欧洲）、CPSIA（美国），针对玩具类产品的监管；
- 纺织产品常规化学检测（OKTEX-100）；
- REACH 检测、RoHS、EN、CPSIA、OKTEX-100 都属于对化学类有毒有害物质的限制。

④ 缺少发票、报关单、装箱单、原产地证（美国要求多）。

⑤ HS code（跟出口退税有关）与实际产品名称不符。

所以，在发货前需要核实发票和各证件是否已齐全，申报价值是否正确。

4. 货物在运输途中

货物在运输途中的纠纷主要有以下三种。

（1）买家对运输时间期望值过高，发货后不久就提纠纷

处理该类纠纷重在安抚买家，同时再次更新货物最新动态给买家，告知买家在正常情况下到其所在国发货周期，请求买家多给以耐心。如果买家一再纠缠，必要时可以适当地给买家一些承诺。例如，如果包裹没有在规定的时间里到达，将给予多少额度的补贴。这个小小的承诺对一些喜欢占便宜的买家在一定程度上可起到安抚的作用；对那些不看重物质方面补偿的买家而言，他能看到卖家负责的服务态度也能有一定程度的安抚作用。

（2）物流单号可查询，但是长时间没有更新

此类纠纷是卖家经常遇到的，安抚买家的同时与货代跟进包裹最新状态，弄清楚没有更新信息的原因。根据实际情况请求买家再耐心等待一段时间，如果还没有更新，再协商退款或补发货事宜。等待的这段时间根据不同国家的运输时间做一个合理的预估。例如，俄罗斯的买家，可以考虑让其再等一周至十天；如果是巴西的买家，可以考虑让其等 10 天至 15 天等。

案例背景：一位厄瓜多尔买家于 4 月 25 日下单，到 7 月 23 日，包裹仍在亚洲，为此买家以货物在运输途中提起纠纷，见图 7-15。以下是买卖双方的沟通记录，为便于读者阅读，买家的留言用斜体字表示。因订单留言记录是自下而上记录的，所以请读者阅读时按照自下而上的顺序。

纠纷信息

退款原因：

是否收到货物：　未收到
是否退货：　否
纠纷原因：　货物仍然在运输途中
纠纷订单总额：　US $ 7.99(产品价格 US $ 7.99 + 可退运费 US $ 0.00)
退款金额：　US $ 7.99
纠纷提起时间：　2015-07-23 09:07
是否退货：　否
请求详情：　Purchase Protection is running out, but package is still in transit

图 7-15　纠纷信息

订单留言

Maritza

2015-07-24 20:49:50

that would be great... thank you!

I really hope to get it soon ;）

oliver

2015-07-23 18:58:57

Dear friend,

Thanks for contacting us when you meet problems.

To ensure your benefits, I just help you extend the delivery time 30 days

However, I just checked that you made the order on Apr-25.

As our former experience, you should have received your parcel.

Since you still have not received it, we have reasons to believe that your parcel met some problem and was delayed.

To help you solve this problem, we would like to give you a refund firstly.

When you receive the parcel, you can pay back to us.

Is that OK?

Thanks for your kindness and patience

Whenever you need any help, please feel free to contact us again

Best wishes.

Oliver

Maritza

2015-07-23 09:07:25

Let me know once you extend the protection time and I will close the dispute

Maritza

2015-07-23 09:07:01

Hello Guys, please extend the protection time for 30 more days,I just checked the china port air mail and this item is still at Asia!!! I bought it at the beginning on May, that is a LOT of time. not happy for this.

从买家的沟通记录得知，买家虽然对该订单的现状感到不满意，但只要卖家延长收货时间，买家愿意取消纠纷。由此得知，买家并不是真的想提纠纷，虽然抱怨物流时间太长，但是买家仍期待能收到包裹。

这个卖家处理此纠纷的方式不是延长收货时间等待包裹送达买家，而是考虑到包裹运送时间已经超过时限且不确定还需多长时间能送达买家，卖家为保障买家的权利，愿意先退款给买家。同时，告知买家如果后期收到货，希望买家能将货款退还给卖家。

从表面上看，卖家存在一定的风险，即买家收到货不退还货款。但是，从另一个角度去思考，由于包裹已超出时限，无论后期买家是否收到货，只要买家坚持纠纷，卖家很有可能不得不退款。然而，卖家先主动退款给买家，不仅用实际行动表明自己是一个负责任的诚信卖家，而且很大程度上提高了买家的用户体验度。因此，良好的购物体验加上舒心的客户服务，后期买家收到货后，将货款退给卖家的意愿也会大大提高。由此可以看出，卖家很巧妙地运用了道家人心兵法"将欲取之，必先予之"。

（3）包裹在运输途中到达待取

定义：到达待取指包裹到达当地邮局，由于收件方不在等原因，导致无法派送成功的信息，物流信息一般会显示已经提醒收件方去取件，比如 notice left，其他物流查询平台翻译的 pick up 不能直接推导出到达待取的状态，到达待取只是 17track.net 平台翻译的信息。纠纷小组目前不认同此翻译信息。

① 根据物流信息积极与买家协商解决问题，达成一致的解决意见。

② 在预估无法于承诺运输途中送达时，积极争得买家同意后操作延长时间。

③ 若为特殊物流国家，例如澳大利亚、奥地利等其他无物流信息查询国家，应积极采取邮件查单、邮局查单方式。

④ 在查询到物流妥投信息、买家在线下反应已经收到货物时，及时在纠纷响应期限内提交相关内容。

⑤ 若需要重新发货，应与买家协商一致，并将买家同意意见反馈给纠纷平台。在无反馈的情况下，承诺运送时间将不重新计算。

5. 货物原件退回

针对此类纠纷，卖家一般都是全额退款，即使上升至平台，平台也会判全额退还买家。

6. 卖家私自更改物流方式

卖家私自更改物流方式有两种情况，一种是卖家私自换成一种更快捷的物流方式发货，另一种是私自换成一种费用更低，但是运输时间相对更长的运输方式。对于前一种情况，通常情况下买家很少提纠纷，因为卖家缩短了运输周期。但如果买家一旦为此提纠纷，而卖家未提前在订单留言通知买家并得到买家许可，卖家有理也说不清。上升平台后，平台也只能按照卖家私自更改物流方式判卖家输。对于后一种情况，买家提起纠纷的概率远高于前一种情况。首先，买家会觉得卖家欺骗自己，擅自更改物流方式；其次，买家可能需要更长的时间才能收到包裹，因而很大程度影响了买家的购物体验。

卖家私自更改物流方式的纠纷，只要卖家没有事先跟买家沟通，卖家都无法赢得纠纷，而且还违反了速卖通的交易规则违背承诺。平台会根据违背承诺严重程度对卖家店铺进行扣分处罚。因而，买家在更改物流方式之前务必在订单留言中提前与买家协商，争取买家同意后再发货，否则会埋下纠纷和安全隐患。

7.4.2 货不对板纠纷案例

1. 货物与描述不符

该部分纠纷类型较多，下面以一个尺码纠纷为例进行分析和点评。

（1）订单留言

图 7-16 是订单留言的截图内容，请按时间顺序（自下而上）阅读。

图 7-16　订单留言

2015-07-16 19:22:21
Hi friend,
We refund your money according to aliexpress.
You can ship it first than we can refund your money.
Don't worry, when we receive your tracking information, we will give your money.
Good day!
Pan

2015-07-16 19:20:18
Oh no. I am not paying for shipping in advance. I will not put another cent towards this. Look at how hard it is for you to own up to your own mistake. You sent me the wrong size dress. You've refused to return my money. And now you think I will fork over shipping cost to send back to you in advance and wait for that money plus my other money? Not a chance. Send it first and I'll send your dress. Or just be simple and refund my money.

2015-07-16 19:14:02
Hi friend,
You can accept the dispute. The return it to our address.
When we receive your package, you will receive your money.
Good day!
Pan

2015-07-16 19:07:24
Ok. Send the money. And I will ship it. How would you like to send the money?

2015-07-15 19:02:15
Hi friend,
You can return it. We will give your money.
Good day!
Pan

2015-07-15 05:27:39
Great. To ship it back to you it's going to be about $13 Canadian... Not that I care about your money, but it would prolly be cheaper for you to just refund my money instead of refunding it plus paying the $13 for shipping.

2015-07-15 20:13:04
Hi friend,
You can revise the dispute for return it. We will give you shipping money.
Good day!
Pan

2015-07-15 20:02:12
Send the money for shipping then

2015-07-15 19:29:08
Hi friend,
You can return it, we will give you full refund.
Good day!
Pan

2015-07-15 19:21:00
Pay the shipping and I will return. You did not send me a XXXL. I have proven that. I am not paying for your mistake. So either send me a dress my size or refund my money. I am lot paying the shopping for this.

2015-07-15 18:55:57
Hi friend,
We send it as our size chart.
You want the money, but you don't return it for us. Sorry, we don't accept it.
We can give you $5 as an compensation. Or you return it for full refund.
Good day!
Pan

2015-07-15 09:55:04
As you can see from the photos. The XXXL dress that I have and am wearing fits me perfectly. The dress you sent me claiming to be an XXXL is not even close to the sizing. You sent me an XS. The pictures tell it all.

2015-07-14 19:39:18
Hi friend,
Can you take photos about the other 3XL. If you can wear it, we will help you.
Good day!
Pan

2015-07-14 19:37:44
You did not send me the right size. I have XXXL dresses and the sizes are completely wrong! Your dress does not fit. The other XXXL I have does. You sent me an XS

2015-07-14 19:35:37
Hi friend,
We can refund you $4 as an comparsation.
We send you right size XXXL.
Our dress is elastic. You can send it to your friend.

图 7-16　订单留言（续）

2015-02-14 19:17:52

At this point I don't care wether you have profit or not. You sent me the wrong size. You refuse to own up to it and resend me the dress the correct size.
You want the dress. Send me the money for shipping. I will not spend another cent with you. I've given you plenty of opportunity to rectify the situation and you choose not to.

2015-07-14 16:12:41

Hi friend.
If you want the full refundd. Please return it back for money;
We have no profit and we want refund your money. But you need send it back for us.
Thanks for your understanding
Pan

图 7-16　订单留言（续）

（2）纠纷详情

纠纷详情见图 7-17。

详情　　　　　　　　　　　　　　　　　　　　　　　　　　　　　　　✕

买家投诉点	AE判断
尺寸与描述不符	不成立

最终方案： 全额放款
卖家责任： 无责

若在此期间，买家选择部分退款或者您与买家最终未能达成一致意见，平台将按照给出的部分退款比例操作关闭此纠纷；如果买家选择退货退款，平台将会要求您提供退货地址。

图 7-17　纠纷详情

（3）纠纷历史

纠纷历史信息见图 7-18。

纠纷历史

发起方	是否收到货	是否退货	退款金额	日期	操作	原因
系统				2015-07-27 20:00	仲裁结束	
系统				2015-07-26 19:27	裁决	详情
买家				2015-07-23 16:34	响应	The pictures I have uploaded are a 3xl dress that I have already boughten. It is the black dress with white on it. I've taken a picture of the tag. I also uploaded a pic of the flower dress I purchased on top of it that should be a 3xl also. They are no where near the same size. The seller lied.

响应期限： 3 天

若在此期间，买家补充了重要的证据，我方将根据实际情况发出裁决意见并通知到买卖双方；如果买家最终没有提供有效举证，我们将会全额放款给您或者按照您之前同意的退款金额退款给买家并结案（若您目前并不愿意退任何款项给买家，请您在响应期间到平台上明确表明自己的意愿）。响应期间若双方通过协商达成一致，请您点击"回应"并在响应内容中写明一致意见，我方将按照双方的一致意见处理该纠纷订单。

感谢您的理解与配合。

顺祝商祺！

速卖通纠纷处理小组

买家	收到	否	US $ 13.71	2015-07-17 07:59	修改	Seller lied about size of the dress. Said it was an XXXL but it's an extra small. Fits a 100 pound woman. Seller refusing to send me dress that's the correct size even though I've shown proof of my dress that's a XXXL and the size she sent is no where near it. Seller refusing to pay for shipping in advance to return dress.
买家	收到	是	US $ 13.71	2015-07-16 19:13	拒绝	Hi friend, You can accept the dispute. The return it to our address. When we receive your package, you will receive your money. Good day! Pan
买家	收到	否	US $ 13.71	2015-07-14 14:59	发起纠纷	I am a big girl.i have ordered from China before an XL and it fit tightly so I ordered a XXXL.The dress is by far NOT even close to a XXXL.My sister is an XS and this dress fits her perfectly.ihad contacted the seller.Which is a XXXL.The seller refused and told me to give the dress away as a gift.I persisted and all I was told was that I could have a $3 refund.I repeatedly asked for them to send the dress in an actual XXXL.I was told that the dress the gave me was my size.

图 7-18　纠纷历史

（4）纠纷举证

1）买家提起纠纷时提供的第一次举证图片，如图 7-19 所示。

图 7-19　第一次举证照片

2）买家第二次举证如图 7-20 所示。

图 7-20　第二次举证照片

本例是一个较为典型的"货不对板（货物与描述不符之尺寸不符）"的提起纠纷，卖家认为自己的产品尺码是 XXXL，而买家通过直观类比的方式认为收到的货物尺码为 XS，故而买家提起纠纷。买卖双方互动的时效性比较好，从纠纷提起到纠纷沟通，再到平台裁决整个过程时间并不长。该纠纷结果是卖家无责，全额放款，这个结果较为客观，是令人满意的。

结合上述案例截图，下面梳理一下本例的全部过程。7 月 14 日买家发起纠纷，纠纷的原因是尺码不符。在纠纷详情部分，买家第一次举证的内容为两张图片，结合提起纠纷时附加的文字说明可以得知，买家为了赢得这场纠纷还是"蛮拼的"，还请来了自己的姐妹对比拍图以从自己的角度证明收到的产品尺码不符。但是笔者认为买家举证不当，力气没用到刀刃上，其通过感性对比的方法进行举证，显然不足以证明自己的立场。

卖家在 7 月 14 日当天通过站内信及时与买家进行沟通，买卖双方互动的时效性比较好，读者可以对照沟通站内信和纠纷详情的时间看出，在 7 月 16 日买卖双方沟通得差不多的时候，卖家拒绝了买家一开始的纠纷请求。无论情况如何，此处都值得和大家叮嘱一下。不少卖家在买家提起纠纷的第一时间内，会立马以"拒绝"的方式响应纠纷，在此建议卖家在纠纷响应的有效时间内不要过早地以"拒绝"的方式响应纠纷。

我们用换位思考的方法，试想你作为买家，遇到交易问题提起了纠纷，你的卖家在第一时间拒绝了你的请求之后再与你展开沟通，你内心也应该是有所排斥的，在此提醒各位尽量不要过早地拒绝买家的诉求。遇到此类情况时，应该在响应的有效时间内先积极沟通，而后根据沟通的实际情况对此进行响应操作，让买家以一种平和的心态面对交易的争议，这一点相对而言十分重要，案例中的卖家对这个时间点拿捏得特别准，值得称赞。

随着沟通的推进，7 月 17 日买家再次响应，此次买家再次补充举证，可是正如上文所言，买家仍然是举证不当，此次买家是将卖家的产品与自己合身的衣服加以对比，仍然不能证明卖家的产品与描述尺码不符，所证明的顶多是卖家的产品不符合自己的尺码。而此次买家也申请了平台进行仲裁，7 月 23 日，买家继续对该纠纷进行响应，从附加的文字说明可知，买家举证自始至终都是通过对比的方法来提供自己的证据，显然，这些证据并不能支持纠纷中买家所持有的立场，故而平台不予支持，直到最后做出该纠纷的最终裁决：卖家无责，全额放款。

综合而言，本案例中卖家有很多做得比较到位的地方，正如上文所述。该案例中很典型的是买家举证不利，加之后期买家或许因为某种原因并没有继续计较下去，订单全额放款达到一个比较好的结果。但如果买家选择部分退款等，就该订单而言仍然可能出现退款损失。纠纷对大多数卖家而言是难免的，以一颗积极的心态去面对纠纷，积极应对有效的沟通，用逻辑思维去沟通和举证往往能达到事半功倍的效果。

2．销售假货

平台是严令禁止销售假货的，一旦买家提起纠纷，卖家不仅要全额退款，还将面临受平台处罚的危险。所以，卖家朋友坚决不要冒险销售假货。

3．赠品纠纷

部分卖家可能会很困惑，为什么买家会因赠品问题而发起纠纷。作为卖家，我们往往理解为赠品是卖家额外赠送给买家的，买家除感激之外，不应该挑三拣四。但是，从买家角度来看，部分买家可能会认为，虽然赠品看起来是卖家额外赠送的，但是"羊毛出在羊身上"。买家也可以认为，他们付款的金额里有一部分是赠品的费用，因而对赠品可能就有所期待和要求。

在卖家挑选赠品时应慎重,质量太差会影响客户满意度,甚至可能引起纠纷;保证赠品库存数量,严格按照订单约定进行发货,若无法按约定发赠品,发货前应与买家沟通,征求买家意见。

在详情页里提示买家,赠品属额外礼物,请不要以赠品提纠纷,若介意,提示买家勿拍等。这个提示不一定能完全杜绝此类纠纷,但至少在一定程度能降低买家因赠品提纠纷的概率。

如果买家因为赠品提纠纷,卖家需提供发货前与买家协商的沟通记录,提供详情页有关赠品的说明等安抚买家情绪,同时引导买家取消纠纷。只要买家不是无理取闹,正常可以通过沟通引导其取消纠纷。

货不对板纠纷中还包括质量问题、发错货物、货物短装、货物破损等纠纷,本文暂不一一列举案例进行分析和点评。

7.5 如何预防纠纷

有关纠纷的预防,目前是一个新的课题,但是在速卖通平台有少部分卖家开始重视和关注纠纷的预防。本节主要从分析预防纠纷的重要性阐述从不同角度对纠纷进行预防,重在提醒广大卖家重视纠纷的预防,在订单产生之前做好预防纠纷的准备工作。由于纠纷的预防仍处于一个探索阶段,本节内容的目的在于抛砖引玉。

7.5.1 预防纠纷的重要性

由于纠纷不仅会影响交易的顺利进行,也会影响买家的购物体验、买家对平台的信任度,同时,店铺还会受到平台的处罚,所以预防纠纷的工作显得特别重要。

纠纷发生后的金钱成本主要体现在纠纷影响资金回笼,影响店铺服务等级,以及产品和店铺的排名。而这种损失在纠纷订单累积到一定量后,对店铺的伤害难以估量。

另外,处理纠纷的时间成本和人员成本远比预防纠纷高。店铺一旦有纠纷,卖家就不得不投入时间和人力去处理纠纷,而且很大一部分需要退款才能解决。另外,由于平台服务等级规则更新,买家一旦提起纠纷,后期没有取消纠纷的话就计一起纠纷提起率;若是货不对板纠纷上升平台,还会记一次买家不良订单体验;如果上升平台后又被判为卖家责任，再记一次货不对板卖家责任裁决。因而，处理纠纷不仅耗时、耗力、耗资金，还会影响店铺经营数据。

预防纠纷的工作可以渗透到选品、产品发布、订单处理、售后服务等各个环节。预防纠纷工作表面上看起来非常烦琐，涉及的面非常广，但是假如卖家认真思考，预防纠纷的工作是我们日常应该做好的本职工作。因而卖家只需做好自己的本职工作，在很大程度上都能避免很多不必要的纠纷。所以，从另外一个角度思考，预防纠纷的成本仅是让自己的店铺更专业、更细致和更贴心。

7.5.2 预防纠纷之产品

1．预防纠纷之选品

在选品阶段，卖家需要有预防纠纷的意识去选择适合在平台销售的产品。

首先，选品时要注意把控产品的质量。质量差的产品在后期销售中很容易导致品质方面的纠纷。

其次，选品时注意产品是否侵权。平台是禁止销售侵权产品的，一旦查处，店铺就会面临处罚。同时，销售侵权产品也极易导致纠纷，而且一旦买家提起纠纷，卖家必输无疑。

2．预防纠纷之标题

标题内容虽然不多，但如果不注意，也会引起不必要的纠纷。卖家在发布产品时的页面信息前后描述不一致，造成了同一个页面内的信息有矛盾或者不够清楚。

第一种，标题计量单位与销售方式单位不一致。

比如，图 7-21 的产品标题描述为 family set，但 quantity 描述为 piece，两者不一致就容易误导买家，卖家一定要保证涉及销售计量单位描述的所有页面（比如标题、属性、销售方式、详细描述等）都完全一致。描述不一致所造成的纠纷需要卖家承担责任。

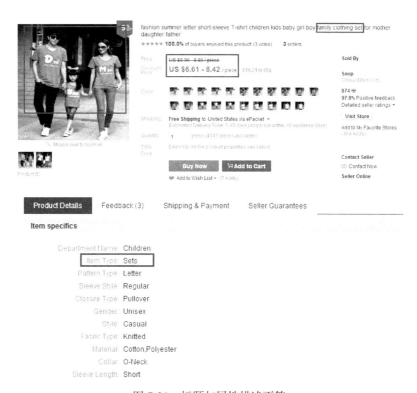

图 7-21　标题与属性描述不符

第二种，产品标题里添加与产品本身实质属性不符的描述词。这些词有可能会带来一部分曝光，同时也会埋下纠纷隐患。

例如，图 7-22 的产品名称里出现了 Bodycon，其中文意思是紧身的女裙，英文的网络解释是 It's basically a dress that is short and really tight fitted，意思是一种短而相当紧身的裙子，而 Lace 是蕾丝的意思。由产品主图可知，产品本身是较为宽松的，而且没有蕾丝修饰。假如买家以此提纠纷，卖家很难有胜算的可能。

图 7-22　标题与产品本身的属性不符

3. 预防纠纷之产品图片

众所周知，产品图片是吸引买家点击的重要因素之一。所以，买家在看产品主图时会有先入为主的想法，产品所展示的价格包含卖家所展示的所有东西，尤其是关联很强的配饰。

例如，当买家看到图 7-23 时，首先会认为卖家买的是裙子和裙子所配的腰带。假如卖家销售的裙子没有包含腰带，而且详细描述没有告知买家裙子不含腰带。对裙子和腰带满怀期待的买家收到货后，很有可能提起纠纷。此类纠纷一旦上升平台进入裁决，卖家不仅会输，被判退款，而且还会计卖家责任裁决订单。

图 7-23　裙子主图

我们建议卖家在发布产品图片时，尽量不加入不相关的东西，避免引起不必要的误导。假如是为了拍摄效果使用了相关配饰，需要在产品描述中显眼的位置明确指出销售产品不包含配饰，避免误导买家而产生不必要的纠纷。

4. 产品属性描述

目前的平台中，对产品属性填写不规范或者错误的不胜枚举，这里列举服装类目经常出现的属性乱填和错填的情况。

例如，T 恤的袖长，产品主图是长袖，但是在系统属性里却勾选了短袖；连衣裙的裙长，产品本身是长裙，但是属性却勾选了 mini dress；产品标签上的材质描述是 "90% cotton，10% polyester"，但属性只勾选了棉，甚至自定义属性出现 100% cotton。SKU 属性中图片颜色与文字描述不一致，例如图片是红色的，而 SKU 属性文字描述则是 Black，给买家造成误导。再次说明，描述不一致所造成的纠纷需要卖家承担责任。由于属性错填或乱填给纠纷埋下了隐患，还会影响产品排名。

下面是属性乱填的案例，如图 7-24 所示，产品标题里明确了含有 100% cotton，但是系统属性里却勾选了 Polyester 和 Spandex。假如买家为此提纠纷，卖家只有输的可能。另外，这个卖家还有一个问题，就是侵权。若买家为此提纠纷，卖家不仅无法赢得纠纷，而且还会被速卖通以侵犯知识产权进行处罚。

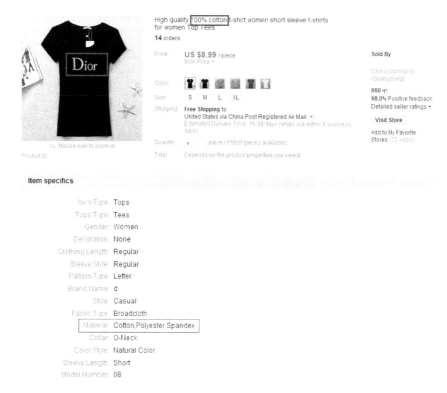

图 7-24 属性乱写的示例

5. 产品详细描述

在产品详情描述中，卖家需从不同角度尽可能如实并详细地描述产品。然而，目前平台在产品详细描述部分存在的纠纷隐患不胜枚举。例如，服装和鞋子的尺码问题，部分卖家直接用中文尺寸图，而且尺寸图没有与实际产品对应，或者误差过大、色差问题等。电子产品在详情页没有详细阐述如何安装、如何使用，导致买家收到后不会安装，也不会使用，甚至因为不懂安装而导致产品损坏，进而提起纠纷。

这里列举一个服装类尺码纠纷案例：一位服装卖家的一款服装产品是均码，产品详情描述有说明衣服具有弹性，但是没有产品的具体尺寸信息。有一个买家买了 300 件，投诉尺寸偏小，买家投诉退 200 件。判决结果是因卖家的产品页面没有任何尺码信息，则判定卖家责任，而且判决是卖家全责。建议卖家在产品详情页尽可能详细描述产品，尤其是尺寸信息，避免引起类似的纠纷。

建议卖家在发布产品前，针对自己所在类目的特点，把产品信息完整、如实、详细地描述出来。可以从以下思路来设计产品详细描述：首先，从买家角度思考，假如卖家到国外平台购买自己所卖的产品，会希望获得哪些信息，会有哪些顾虑。其次，参考同行优秀卖家是如何制作详情页的，然后结合卖家自身情况进行调整。最后，结合店铺经营过程中买家关心的细节，以及提过纠纷的点，总结并整理，然后针对性地调整产品。

7.5.3 预防纠纷之卖家自定义服务模板

1. 备货期

备货期是指从收到买家订单和货款后开始到卖家发货后填写发货通知这段时间。建议卖家朋友对发货期进行阐述，例如告知买家，我们一般在买家付款多长时间之后安排发货，以及发货期是否包含节假日。如遇重大节日，建议卖家在店铺首页和产品详情页增加提示，发货期会有所延长的信息，从而避免误会而产生纠纷。

2. 物流及关税

产品详情页可适当提供不同运输方式到不同国家或地区发货期的参考值，但需注意备注影响运输时间的因素很多，此参考值仅供参考。同时告知买家，一般在哪几个特殊时期，发货期会明显长于平时甚至延误，例如，恶劣天气、海关罢工、平台大促（双十一大促）、春节、圣诞、奥运、世界杯等重大节日期间。

对于关税问题，众所周知，纳税是每个公民应尽的义务。所以，买家的包裹所涉及的关税都应由买家来支付。建议卖家在自定义服务模板中提醒买家若需要支付关税，请配合当地海关支付关税以便获取订单包裹。以下是卖家做得较好的一个案例，如图 7-25 所示。

SHIPPING AND TAX

We provide free shipping with all kinds of shipping method, like post air mail, DHL, Aramex, FedEx, EMS and so on, depends on the destination country and order amount. If you want to specify the shipping method, please pay shipping cost. Below is the estimate delivery speed for your reference. Thank you!

Post air mail : 10 - 60 days | Tracking website: local post office website
ePacket : 7 - 20 days | Tracking website: local post office website
SF express : 4 - 8 days | Tracking website: sf-express.com/us/en/
DHL express : 4 -8 days | Tracking website: dhl.com
Aramex express : 4 -8 days | Tracking website: Aramex.com
TOLL express : 4 - 8 days | Tracking website: tollgroup.com
UPS express : 4 - 8 days | Tracking website: ups.com
FedEx express : 4 - 8 days | Tracking website: fedex.com
EMS express : 5 - 20 days | Tracking website: local post office website

*Above delivery speed only for reference, busy season, bad weather may cause delay.
*Post air mail to Eastern-European countries, South American countries may take longer than 60 days.
*Express usually have customs tax issue, in that case, please cooperate customs to pay tax.

图 7-25

3．退款和退货说明

首先提醒买家在给卖家评价时能给予五星的好评，如有任何不满意或者不喜欢，请在提交纠纷前第一时间与买家沟通。然后针对买家可能出现的任何不满意，卖家承诺会尽最大努力解决买家的疑问。此外，告诉买家联系卖家的方式有哪些。图 7-26 是做得较好的案例参考。

REFUND & RETURN POLICY

If you are satisfied with the order, please don't be hesitate to leave us '5 stars' feedbacks and your valuable suggestion. Your support will be really appreciated.

For any reasons you are not satisfied with the orders, please contact us before you leave feedbacks or open disputes. we will try our best to solve the problems for you. Thank you!

1. Quality problems:
If the products are not the same as our description or broken in transit, please take clearly photos in 7 days after you received and leave us message at order. we will provide you refund or replacement after we confirm.

2. Any other reasons:
For any reasons you don't like the products, please contact us in 15 days after you received the orders, please make sure the products are in orginal condition and undertake the shipping cost by yourself. we will provide refund or replacment after we received the returned products.

图 7-26　退款和退货引导案例

7.5.4　预防纠纷之订单处理

1．确认订单信息

在收到买家订单后，尽量争取做到发一封订单留言与买家确认订单信息，包括订单下的产品相关信息以及买家收货地址信息，并交代买家如有异议，必须在限定时间内答复，否则我们将按照订单约定发货。一方面提示买家再次核对订单及收货信息，另一方面，我们做到事先跟买家确认信息，事后买家为此提纠纷时我们有证据。

对买家有订单留言（或订单备注）的订单，务必在订单留言处与买家再次确认信息后再安排发货。

2．发货预防纠纷

在发货阶段可预防的纠纷有以下 7 种情况。

① 发货环节要严把质量关，不要发残次品。

② 合理包装产品，尽量避免产品在长途运输过程中受损坏。

③ 发货环节需妥善保留发货底单。

因普通卖家很难获得小包的发货底单，建议卖家在发货环节拍照，包括产品包装前后的照片、产品包装前后的净重和毛重照片，尤其是货值高的订单，还可以拍视频留底。若订单涵盖多种单品，建议卖家拍摄每件单品包装前的单独称重照片、包装前全部产品的称重照片，以及打包好后的称重照片。这些信息在后期纠纷中可作为有效的举证。

④ 如实填写申报价值、申报数量和申报重量。

如果卖家要低报，必须在发货前获得买家同意，尤其是订单金额较高的订单，例如，货值超过了买家所在国的免税额度。假如因为卖家原因（虚报重量即严重低报货值等）导致扣关或者被海关罚款，买家为此提纠纷，卖家将承担责任。

⑤ 卖家可视情况给买家赠送小礼品和小贺卡。

若产品详情页有明确赠送的礼品，卖家发货时务必与产品详情页一致。如果要发不同的赠品，需发货前与买家在订单中留言或站内信确认，获得买家同意。如果卖家擅自更改赠品，买家若以此为由提起纠纷，卖家也只能"哑巴吃黄连，有苦说不出"。

⑥ 在发货的包裹内放卖家定制的带有店铺二维码及好评有礼的售后卡，引导买家二次购买和留好评。

⑦ 选择可靠的货代发货。在订单一切正常的情况下，货代的好坏区别不大，主要体现在价格和上网时效方面，但是难以考核一个货代的服务。一旦订单出现异常，我们很快就能评判出货代服务的优劣。好的货代不仅体现在价格和时效，还体现在服务上。优质的货代在处理异常订单时往往能给予及时有效的反馈。有关货代的选择，《速卖通宝典物流》一书将会详细阐述，这里就不再介绍。

3. 跟踪物流预防纠纷

卖家需及时跟踪订单的物流信息，及时发现有物流问题的订单，提前通知买家订单目前的情况，以及我们已在跟进订单物流进展。同时，第一时间与物流商确认物流最新状态，引起物流异常的原因，以及预计多久能恢复正常等信息。如有回复，卖家需第一时间反馈给买家。

提前沟通物流进展，及时发现物流问题，一方面安抚了买家，让买家知道卖家在关注订单进展，另一方面，把买家提物流纠纷扼制在萌芽状态。在订单不多的情况下，卖家及时跟踪物流信息不成问题。但一旦订单量达到一定数量，加上国际物流周期长的特性，及时跟踪物流信息就变得任重而道远。目前，一般大卖家用第三方软件帮忙监控订单的物流信息，及时发现问题并解决问题。

正常情况下，小包查询地址都是所在国的邮局地址。卖家也可以通过 17track.net 来查询最新物流信息。这里需要提醒卖家，17track.net 是查询国家比较全的物流信息网址，但使用该网站需注意两点：一方面，查询较为方便，但作为非官方的查询网站和其不稳定性，建议谨慎使用；另一方面，运单号中的字母需大写。

对一些特殊国家，小包信息查询相对复杂一点，例如，澳大利亚、阿根廷、巴西和奥地利等，下面提供这些国家小包的查询地址。

（1）澳大利亚

查询方式为邮件查询，网站地址为：

https://contactus.auspost.com.au/

查询步骤如下。

步骤 1：网站提交信息。

步骤 2：等待收取邮件（提交成功后，会收到澳大利亚网站回复邮件）。

两个工作日内，会收到包裹状态的反馈，包含签收人、妥投时间、妥投城市。

步骤 3：如果您的案件处于纠纷中，需要将邮件信息截图提交至纠纷平台。

截图要求包括如下三点。

- 抬头（见图 7-27）；
- 提交邮件内容；
- 澳大利亚邮政回复内容。

Please find attached a summary of your enquiry details below.

If you require further assistance with your enquiry, please respond to this email at your earliest convenience.

Thank you for contacting Australia Post.

图 7-27　澳大利亚邮局邮件抬头

以上三点信息在有关澳大利亚邮政回复的邮件里都会有展示，大家可以使用 faststone 软件操作滚屏截图。

澳大利亚邮政回复的时间一般是两个工作日左右，所以大家要及时查询，不要等到纠纷响应期快结束时才开始查询。

（2）阿根廷

在阿根廷的网站查询时，因为阿根廷入境后有更改单号的操作，入境后的物流信息需要打开详情查看。

阿根廷查询网站为：

http://www.correoargentino.com.ar/formularios/oidn

（3）巴西

巴西小包查询地址为：

http://www.correios.com.br/servicos/rastreamento/rastreamento.cfm

（4）奥地利

奥地利与澳大利亚相似，都是邮件查询方式。查询网址如下：

https://www.post.at/en/personal_contact_us.php

目前平台还未正式公开奥地利小包查询的具体步骤，但是与澳大利亚基本一致。以下是奥地利小包查询资料填写界面，如图 7-28 所示。

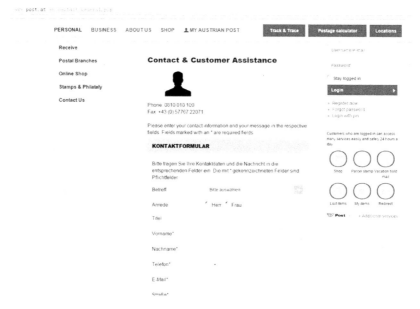

图 7-28　奥地利小包查询界面

4．及时沟通预防纠纷

如果收到买家的纠纷，卖家要及时回复买家，安抚买家情绪，并对造成的不愉快表示抱歉。告知买家，我们已经开始调查此订单，会严肃认真地处理此纠纷，希望买家给予卖家时间。同时，提示买家提供与纠纷相关的照片信息，提高沟通效率。

因纠纷有时间限制，且卖家和买家存在时差，因而往往很难及时联系上买家。这就要求卖家针对纠纷订单，尽量挑选买家可能在线的时间进行沟通，必要时可以短信或电话提醒客户上网协助处理纠纷。

5. 处理纠纷心态调整

卖家遇到纠纷时需冷静面对，首先联系买家了解情况，并安抚买家，告知买家我们在认真调查和处理这个纠纷，让买家知道我们的态度。对于纠纷，我们能做的更多的是积极沟通，提出合理的解决方案。努力做到"尽管货物不能让买家满意，态度也要让买家无可挑剔"。

6. 注意沟通方式

涉及纠纷订单时，建议卖家通过订单留言和站内信与买家进行沟通，尤其是重要信息的确认和协商。用订单留言及站内信的沟通，不仅能让买卖双方的信息交流更加清晰、准确，也能够留下交流的证据，利于后期可能有纠纷处理。而且这两种沟通记录还可以作为纠纷过程中的举证。此外，卖家要经常关注消息中心的信息，并保持旺旺在线，否则，买家很容易失去等待的耐心，卖家也很可能错失与买家沟通的机会。

7. 注意沟通时间

由于时差的缘故，在卖家日常工作（北京时间 8 点—17 点）的时候，会发现大部分国外买家不在线，而且订单留言和站内信也很少在这个时段回复。当然，即使国外买家不在线，卖家也可以通过留言联系买家。不过，我们建议卖家应尽量选择买家在线的时候联系，这意味着卖家应该学会在晚上的时间联系国外买家，因为这个时候买家在线的可能性最大，沟通效果会更好。

8. 学会分析买家

卖家一方面要了解买家所在国家当地的风俗习惯与禁忌，了解不同国家的语言文化习惯，以便沟通时拉近距离，并且有针对性地对买家进行回复。另一方面，卖家要学会从买家的文字风格判断买家的性格脾气。例如，买家使用的语言文字简洁精炼，则可判断其办事可能是直截了当或雷厉风行，不喜欢拖泥带水。卖家若根据买家的性格脾气，积极调整沟通方式，能促进双方沟通的顺利进行。

以上这些方面，既能让卖家及时掌握交易动向，也能够让买家感觉到卖家对他的重视，促进双方的信任与合作，从而提高买家的购物满意度。此外，出现问题或纠纷时，卖家也可以及时、妥善地处理。

7.6 纠纷 Tips

7.6.1 平台纠纷 Tips

① 保留发货底单（或者包裹图片），针对发错地址、短装、空包、物流妥投买家仍然称未收到货类的案件，是极有力的举证。

② 退货的包裹，建议在邮局拆开并查看是否有问题，最好录制视频。

③ 页面描述前后一致，很多短装类案件都是因为卖家对数量单位描述得不清楚导致的，例如，三脚架（3pcs/lot），但是实际出售的产品是一套（即 1set）。卖家在发布产品的时候需要描述为 1set，否则买家会误解为 3 套产品。

④ 正确使用产品的 SKU 属性。很多卖家会用 color 这个 SKU 属性代替产品型号等，但这个是违规行为且极易引起买家误会，所以一旦买家提起纠纷，即认可买家该投诉点，卖家有责。

⑤ 正确填写产品的申报价值。针对破损类，卖家可以进行索赔，但如果申报价值过低，就会导致索赔价值低，过高或过低填写申报价值都极易被海关扣关。

⑥ 切忌盗图，并尽量上传真实的产品图片，否则极易导致买家提起描述不符类的纠纷。

⑦ 合理设置限时达时间，若设置时间过短，极易造成买家提限时达纠纷。

⑧ 对产品价值高的产品，买家提起纠纷，卖家建议退货的同时主动承担退货运费与买家积极协商退货事宜，有利于达成退货协议。

⑨ 要有礼貌地与买家进行沟通。即使买家提起了纠纷，也要尽量帮助买家解决问题。

⑩ 如果买家提起产品无法正常工作等问题，卖家在查看了买家的举证后发现是买家使用不当等问题导致的，也需要积极响应进行反诉，并提供正确的使用方法为自己辩护。

⑪ 如果买家举证已经可以证实自己发错货等情况，建议在纠纷上升到仲裁之前积极与买家协商退款金额或者退货、退款等事宜，不要等到仲裁介入处理，裁决提起

率及仲裁有责率对 ODR 影响也是非常大的。

⑫ 短装案件：需要每个产品都称重，在称所有产品的重量时，需要清晰展示每一个产品，若产品带包装，需要将包装打开检查里面的产品是否正确（很多时候，卖家页面会将产品包装上的 Logo 处理掉一部分，买家买的款式多，如果不展示包装内部产品，很难确定产品是否为发货产品），平台不认可货代发货证明。

7.6.2 针对不同类目的纠纷 Tips

1. 服装行业

① 卖家在发布产品的时候，需要在产品页面完整展示产品部位的尺寸信息，比如胸围、衣长等，如果没有展示，后期买家若提起尺寸问题的纠纷，则属于卖家责任。

② 有些卖家没有展示产品的尺寸信息，只是说明衣服适合的身高以及体重，那么后期买家提起尺寸问题的纠纷时，如果提供了自己的身高和体重都是在范围内，但是尺寸不合适，则属于卖家责任。

③ 对于礼服类产品，一般买家投诉点基本是款式不符，建议卖家在产品页面尽可能展示产品的真实图片以及细节图，避免后期不必要的纠纷。

④ 如果产品确实存在色差，请在产品页面说明清楚，如果没有说明，后期买家因此提起纠纷时，则属于卖家责任。

⑤ 如果买家选择的尺码和实际收到的 Tag（标签）不符，需要在产品页面具体展示尺码和 Tag 的对应关系，如果没有说明，后期买家因此提起纠纷时，则属于卖家责任。

⑥ 卖家朋友在产品页面一般会说明具体的误差值，但是发现很多卖家设置的误差值甚至超过了相邻尺码间的差值，这个平台是不认可的。建议卖家朋友在设置误差值的时候，不要超过相邻尺码间的误差值。

2. 鞋类

很多卖家在发布 unisex 的鞋子时，男女款是分别有对应的尺码标准的，比如同时有 US8，但分别对应的脚长是不一致的，这样就容易导致买家后期以收到的尺码和要求不符提起纠纷。因此，建议卖家在发布 unisex 时，必须保证男女款鞋子尺码一致，否则应该分开发布。

卖家在发布鞋子时，color 属性一栏还区分男款和女款，但是买家在下单的时候，只认为这是颜色的选择，后期因此而产生的纠纷属于卖家责任。

鞋类的常见纠纷为尺码问题，即偏大或者偏小。平台是根据买家收到的鞋子尺码标签与产品详情页尺码表对比进行判责的，若尺码匹配，则卖家未发错货，买家需要继续举证；尺码不匹配则判断卖家发错货，判卖家责任；详情页无尺码表则判卖家责任；鞋子无尺码标签也是卖家责任。

3．3C 配件

① 与电子产品相似，卖家会在反诉中表示自己的产品有自己店铺特殊的标签或者 Logo，说买家的产品不是自己的。如果是这种情况，请在产品描述图片中明确拍出这些标签和 Logo，而不是等有了纠纷之后再来凭空否认买家的证据。

② 配件产品（比如手机屏幕等）其实是 OEM 产品，但是卖家在标题中写 original for 某品牌，这点会误导买家，买家会认为产品就是品牌原装产品，导致投诉假货。如果是 OEM 产品，建议卖家不要写 original 这样的字样，避免产生纠纷。

4．家居

① 易碎品、贴纸等产品要注意包装，贴纸可以采用卷轴形式包装，并把卷轴放在硬纸板做的三角形包装盒里，这样不易在运输途中产生褶皱等问题。

② 如实填写页面中的尺寸（如伸缩水管需填写伸缩前后的尺寸长度信息都写在页面上），发货前检查好产品发货产品的实际尺寸保持一致（四件套、水龙头、窗帘、伸缩水管等）。

③ 数量不符，例如，窗帘要写清楚具体对应几片窗帘，是窗帘还是窗纱，因为大部分页面图片上的产品包括两片窗帘和窗纱，对数量没有解释清楚很容易引起纠纷。

5．灯具

① 灯具中经常被投诉参数不符和无法正确工作，以及货物破损，建议灯具卖家一定要如实填写具体参数，在发货前拍照备份，发易损配件时要多注意。

② 发货前仔细检查发货的产品，防止辛苦发货的产品后期产生纠纷，引起损失。

6．美容健康行业

① 带电池类产品，若因为物流原因，电池无法配送，建议在页面用文字明确告知清楚，不要在页面放置电池后导致不能配送。

② 对充气娃娃类产品，不要在页面既放置真实的图片，又放置处理后的图片，后期会按照 misleading 处理，建议充气娃娃直接放真实的图片。

③ 生产日期问题：彩妆、保健产品，收到产品上没有任何生产日期标注的纠纷时，卖家直接全额退款。

7．箱包

① 箱包的纠纷主要集中于产品破损或划痕、与描述不符、货物短缺、假货、污渍。

② 产品破损纠纷处理原则：问题的严重程度、修复的可能性、对买家使用和购物体验的影响。产品破损主要是金属部件破损和皮质破损。

③ 描述不符主要包括款式、颜色、材质、尺寸不符。纠纷处理原则是不符的程度，以及对买家使用和购物体验的影响。建议避免灯光导致的色差，买家尽可能上传实拍图，注重详情页细节说明，包括各角度和关键细节的拍摄和文字说明。

④ 货物短装主要包括缺少背带、小包或部件。处理原则是根据短装占比数量，对买家使用和购物体验的影响。

⑤ 假货纠纷处理原则，根据问题的严重程度，对买家使用和购物体验的影响，如果买家举证图片中显示有 Logo，并且买家明确表示投诉该产品为假货，那么，即使卖家产品页面无品牌宣传，平台也会要求卖家给出相应的授权证明，如果卖家无法提供，则按假货处理，并全额退款。对于真假皮问题，平台也是根据材质不符的程度对买家使用和购物体验的影响来评估的。如果材质严重不符，即使产品对买家有部分使用价值，平台一般也会给买家全额退款。所以建议卖家如实描述，切莫过度描述和宣传产品。

⑥ 产品污渍问题主要来源于物流和出货方面，平台一般根据问题的严重程度，修复可能性，以及对买家使用和购物体验的影响来进行评判和处理。

8．珠宝手表

（1）珠宝纠纷

款式不符：如链子粗细、珠子大小、款式和图案等；

颜色不符：如色彩、收货颜色不符等；

尺寸不符：如长度、大小不符；

材质不符：如半宝石变塑料，以及贵金属不符等。

质量问题：做工差，如图案雕刻质量差等；

破损：如掉钻、刮擦问题等；

短装：产品重量、数量不符，以及配件问题等。

建议：产品图片尽量不要调色过度，详情页如实描述产品细节，发货前检查，标注不同国家的码数参照，发货前拍照留底。对于成对出售的商品，不要单只出售，注意单位问题。

（2）手表

① 描述问题

颜色不符：手表色差、表壳、表带、表针等；

尺码不符：表盘、表带长款不符等；

材质不符：男女款式发错、Logo 问题、刻度样式等；

功能不符：动力模式不符、日历功能不符等；

② 质量问题

质地差：产品生锈等；

破损：产品有划痕、镜面破损；

无法正常工作：手表指针不工作、无法调节时间等。

建议：卖家在发货前检查产品，拍照确认，如实描述产品，不夸大功能宣传，不误导买家。对于可调整长度的表带，在详情描述中标注清楚。

9．母婴产品和玩具

母婴产品纠纷主要集中在颜色、尺寸、款式和材质不符问题上，占了该行业所有纠纷的 50% 以上。还有产品质地差、做工差、线头过多、左右肩宽或衣长的长度不一致，衣服印花不清晰、衣服脱线等。建议卖家如实描述产品，不要过度美化图片，发货前检查产品质量，同时严格按照买家下单的尺码发货。

玩具纠纷主要集中在产品破损、颜色、尺寸、款式和材质不符问题上。针对产品破损，卖家要提升产品包装质量以及打包方式。在发货环节增加当地语言售后服务信息，详情页要插入使用说明，需要充电和安装电池的一定要特殊说明，以避免买家以无法正常工作引起纠纷。

10．婚纱礼服

婚纱礼服纠纷主要集中在尺寸与描述不符、做工差、型号与描述不符、颜色和描述不符问题上。由于东西方买家的体型相差甚大，而婚纱礼服对于身材数据要求较高，尺码稍微不符就有可能导致买家无法穿上。所以卖家在详情页一定要做好尺码模板，标注具体参数的测量位置和方法，提醒买家查看产品的具体参数尺寸，引导买家与卖家沟通以减少错误选择尺码的概率。对于产品质量，要严把工厂质量关，出单之前要检验。在详情页需提供产品实拍图，不要过度美化产品。在产品包装环节要加强保护，例如，增加包装袋或者保护膜，避免货物破损。

11．汽配

汽配纠纷的特点主要是平均金额高、产品种类多，与买家车型相关的纠纷多。常见的投诉点集中在无法正常工作、产品不符、质量问题、与车型不匹配（国内外车型的差异）。

在纠纷阶段，建议卖家专注解决买家的实际问题，提供可操作的合理的解决方案（部分退款、退款退货、重新发货、新订单折扣等），并积极解答买家的疑问。

卖家应完善产品描述页，使用多角度及真实参数进行产品介绍，做到图文一致，注明产品的使用方法、安装步骤等问题。因各国车型版本的差异，卖家需列出产品使用的详细车型及图片。同时，卖家还应加强售后服务能力，及时解决买家的问题，针对被投诉产品进行反查，然后相应地调整产品描述，避免产生类似的纠纷。发货前拍照录制视频保留证据，并对产品进行检查。

7.7 小结

虽然纠纷不受各方欢迎，但是卖家遇到纠纷时，应从买家角度思考问题，尽可能妥善地处理，与买家交流的过程中要选择合适的语言，找寻卖家与买家的情感共鸣和平衡点，提供解决方案给买家，引导买家取消纠纷，将纠纷的损失降低到最小。同时，希望卖家能逐步建立预防纠纷的意识，将预防纠纷运用在速卖通经营的各个环节中，从源头最大限度地预防纠纷，从而使店铺保持健康良性地经营。

第 8 章

客服模板

本章要点：

- 售前模板
- 售中模板
- 售后模板
- 特殊情况

国外买家在下单之前以及付款之前遇到一些麻烦或问题时，我们的客服要在短时间内解决买家的问题，加强买家付款的意愿。以下这些模板均是日常工作中所用到的，但是请大家在使用时做个性化改动，不要生搬硬套。

8.1　售前模板

1. 当买家光顾你的店铺，并询问产品信息时

> 重点：与买家初次打招呼要亲切、自然，并表示出你的热情，尽量在初步沟通时把产品元素介绍清楚。
>
> Eg1:Hello, my dear friend. Thank you for your visiting to my store, you can find the products you need from my store. If there is not what you need, you can tell us, and we can help you to find the source, please feel free to buy anything! Thanks again.

2. 催促下单，库存不多

> Dear X,
>
> Thank you for your inquiry.
>
> Yes, we have this item in stock. How many do you want? Right now, we only have X lots of the X color left. Since they are very popular, the product has a high risk of selling out soon. Please place your order as soon as possible. Thank you!
>
> Best regards,
>
> （name）

3. 回应买家砍价

> Dear x,
>
> Thank you for your interests in my item.
>
> I am sorry but we can't offer you that low price you asked for. We feel that the price listed is reasonable and has been carefully calculated and leaves me limited profit already.
>
> However, we'd like to offer you some discounts on bulk purchases. If your order is

more than X pieces, we will give you a discount of xx% off.

Please let me know for any further questions. Thanks.

Sincerely,

（name）

4. 断货（out of stock）

Dear X,

We are sorry to inform you that this item is out of stock at the moment. We will contact the factory to see when they will be available again. Also, we would like to recommend to you some other items which are of the same style. We hope you like them as well. You can click on the following link to check them out.

http://www.aliexpress…

Please let me know for any further questions. Thanks.

Best Regards,

（Your name）

周末导致回复不够及时，先表示歉意，因为错过了最佳 24 小时回复时间，所以可通过主动打折的方式赢取客户。

Dear X,

I am sorry for the delayed response due to the weekend. Yes, we have this item in stock. And to show our apology for our delayed response, we will offer you 10% off. Please place your order before Friday to enjoy this discount. Thank you!

Please let me know if you have any further questions. Thanks.

Best Regards,

（Your name）

5. 推广新产品时

采购期间可根据自己的经验，给买家推荐自己热销的产品。

Hi friend,

Right now Christmas is coming, and Christmas gift has a large potential market. Many buyers bought them for resale in their own store, it's high profit margin product, here is our Christmas gift link, Please click to check them , if you want to buy more than 10 pieces, we also can help you get a wholesale price. Thanks.

Regards

8.2 售中模板

1. 关于支付

选择第三方支付方式（escrow），提醒折扣快结束了。

Hello X,

Thank you for the message. Please note that there are only 3 days left to get 10% off by making payments with Escrow （credit card, Visa, MasterCard, money bookers or Western Union）. Please make the payment as soon as possible. I will also send you an additional gift to show our appreciation.

Please let me know for any further questions. Thanks.

Best regards,

（Your name）

2. 合并支付及修改价格的操作

Dear X,

If you would like to place one order for many items, please first click "add to cart", then "buy now", and check your address and order details carefully before clicking "submit". After that, please inform me, and I will cut down the price to US$XX. You can refresh the page to continue your payment. Thank you.

If you have any further questions, please feel free to contact me.

Best Regards,

（Your name）

3. 提醒买家尽快付款模板

Dear X,

We appreciated your purchase from us. However, we noticed you that haven't made the payment yet. This is a friendly reminder to you to complete the payment transaction as soon as possible. Instant payments are very important; the earlier you pay, the sooner you will get the item.

If you have any problems making the payment, or if you don't want to go through with the order, please let us know. We can help you to resolve the payment problems or cancel the order.

Thanks again! Looking forward to hearing from you soon.

Best Regards,

(Your name)

Dear X,

We appreciate your order from us. You have chosen one of the bestselling products in our store. It's very popular for its good quality and competitive price. Right now, we only have X lots of the X colors left. We would like to inform you that this product has a high risk of selling out soon.

We noticed that you hadn't finished the payment process for the order. We'd like to offer you a 10% discount on your order, if you purchase now, to ensure that the product doesn't sell out. We will ship your order within 24 hours once your payment is confirmed. If you need any help or have any questions, please let us know.

Best Regards,

(your name)

PS: We are one of the biggest suppliers on AliExpress. With more than 3 years' experience in world trade, we are able to provide the best prices, the highest quality and the superior service. We inspect our products before shipping them out and provide a 1 year warranty for all products. We promise to give you a full refund if the products are not as described.

If you have any questions, please contact us; we are happy to help you.

4. 订单超重导致无法使用小包免邮的回复

Dear X,

Unfortunately, free shipping for this item is unavailable; I am sorry for the confusion. Free Shipping is only for packages weighting less than 2kg, which can be shipped via China Post Air Mail. However, the item you would like to purchase weights more than 2kg. You can either choose another express carrier, such as UPS or DHL （which will include shipping fees, but which are also much faster）. You can place the orders separately, making sure each order weights less than 2kg, to take advantage of free shipping.

If you have any further questions, please feel free to contact me.

Best Regards,

（Your name）

5. 海关税（customs tax）

Dear X,

Thank you for your inquiry and I am happy to contact you.

I understand that you are worried about any possible extra cost for this item. Based on past experience, import taxes falls into two situations.

First, in most countries, it did not involve any extra expense on the buyer side for similar small or low-cost items.

Second, in some individual cases, buyers might need to pay some import taxes or customs charges even when their purchase is small. As to specific rates, please consult your local customs office.

I appreciate for your understanding!

Sincerely,

（Your name）

6. 因物流风险，卖家无法向买家所在国发货时给出的回复

Dear X,

Thank you for your inquiry.

I am sorry to inform you that our store is not able to provide shipping service to your country. However, if you plan to ship your orders to other countries, please let me know; hopefully we can accommodate future orders.

I appreciate for your understanding!

Sincerely,

（Your name）

7. 已发货并告知买家

Dear X,

Thank you for shopping with us.

We have shipped out your order （order ID: xxx） on Feb. 10th by EMS. The tracking number is xxx. It will take 5-10 workdays to reach your destination, but please check the tracking information for updated information. Thank you for your patience!

If you have any further questions, please feel free to contact me.

Best Regards,

（Your name）

8. 没有直航货机

Dear friend!

Yes, Actually we can send this item to Lithuania.

However, there's only one problem.

（亲爱的朋友，是的，我们的确可以发货至立陶宛，但是有一个问题。）

Due to there're little direct cargo flight between Lithuania and China ,the items shipped to there has to be transited from other Europe Countries.

（由于没有去立陶宛的直飞航班，所有去该国的包裹都要通过欧洲其他国家中转。）

That make the shipping time is hard to control.

（所以在运输时间上很难控制。）

As our former experience, normally it will take 25 to 45 days to arrive at your Country.

（根据之前的经验，一般要花25～45天到达你们国家。）

Is that OK for you ?

Waiting for your reply!

Sincerely

8.3 售后模板

1. 物流遇到问题

Dear X,

Thank you for your inquiry; I am happy to contact you.

We would like to confirm that we sent the package on 16 Jan, 2012. However, we were informed package did not arrive due to shipping problems with the delivery company. We have re-sent your order by EMS; the new tracking number is: XXX. It usually takes 7 days to arrive to your destination. We are very sorry for the inconvenience. Thank you for your patience.

If you have any further questions, please feel free to contact me.

Best Regards,

（Your name）

2．如果买家希望提供样品，而贵公司不支持样品时的回复

Dear X,

Thank you for your inquiry; I am happy to contact you.

Regarding your request, I am very sorry to inform you that we are not able to offer free samples. To check out our products we recommend ordering just one unit of the product （the price may be a little bit higher than ordering by lot）. Otherwise, you can order the full quantity. We can assure the quality because every piece of our product is carefully examined by our working staff. We believe trustworthiness is the key to a successful business.

If you have any further questions, please feel free to contact me.

Best Regards,

（Your name）

3．退、换货问题

Dear friend,

I'm sorry for the inconvenience. If you are not satisfied with the products, you can return the goods back to us.

When we receive the goods, we will give you a replacement or give you a full refund. We hope to do business with you f or a long time.

We will give you a big discount in your next order.

Best regards

4．求好评

Dear friend,

If you are satisfied, we sincerely hope that you can take some of your precious minutes to leave us a positive comment and four 5-star Detailed Seller Ratings, which are of vital importance to the growth of our small company.

Besides, PLEASE DO NOT leaves us 1, 2, 3 or 4-star Detailed Seller Ratings because they are equal to negative feedback. Like what we said before, if you are not satisfied in any regard, please tell us.

Best regards

5. 海关速度慢

Dear friend!

Yes, Actually we can send these items to Italy.

However, there's only one problem.

Due to the Spain and Italy Customs are much stricter than any other Europe Countries, the parcels to these two Countries often meet "Customs Inspection".

That make the shipping time is hard to control.

As our former experience, normally it will take 25 to 45 days to arrive at your Country.

On the other hand, due to near Xmas days, most of our customers are buying for Xmas gifts. But we can't ensure the parcels can arrive Italy in time.

Is that OK for you ?

Waiting for your reply!

Sincerely

Olive

8.4   特殊情况

1. 受英国大雪影响的回复

Dear my friend!

Sorry to hear that your still haven't got your item yet.

Your tracking number is RR953599254CN

You can track it on our post office website :

http://intmail.183.com.cn/item/trace/itemTraceAction.do?action=Enter

The newest information on the above page is :

" RR953599254CN

2010

departure from outward office of exchange

To: GREAT BRITAIN

2010-11-16 "

That means: on Nov-16, the parcel passed the China Customs and arranged the nearest cargo flight to your Country.

As we said in the item's page and last email, normally it will take about 7 to 20 business days to arrive U.K. （Plus saturdays and sundays, that is 9 to 26 days）

However, your parcel's shipping time has been 25 days, very near the longest post time we guaranteed.

You know, from the end of Nov, all UK post system was affected by the heavy snow in most of the areas. Thus, delivery services（including Speedpost）are subject to delay.

Maybe that's why you still haven't got your parcel.

You can view the related notice on Hongkong post :

http://www.hongkongpost.com/eng/publications/notices/2010/20101207a/index.htm

However, We understand your wish to receive items as early as possible. So If you don't want to wait any longer, please reply to tell us.

We can Refund you all your money Right Now.

Or, could you kindly give the post system a little more time ?

What's your opinion?

Waiting for your reply!

Sincerely

Olive

2. 澳洲邮局放假延误的回复

Dear friend!

Thank you so much for your shopping with us!

Your tracking number is RR947013355CN .

We received your new payment on Dec-03 and we sent the parcel on Dec-04.

Normally it will take 7 to 20 working days to arrive Australia. （plus SAT and SUN days, it will totally 9 to 28 days ）, International shipping requires more complicated shipping procedures（such as both countries customs, transit stations etc.）,that make the post time between two Countries is always longer than domestic post.Thank you so much for your understanding about this matter!

On the other hand,due to the Xmas days and New year, during your parcel's post time, there're totally 5 to 6 days that the Australia post office and Customs were on vacation. That make the internatilonal parcels take longer time to arrive you.

You can view the related notice of Australia post:

http://auspost.com.au/about-us/christmas-and-new-year-holiday-services.html

We apologize for this holiday delays! And thank you so much for your understanding and patience.

However, we know that you may need the items very urgently. Since your parcel's post time has been 25 days, thus, if you don't want to wait any longer, we would refund you all your money back.

Or, would you mind to give a little more time to the post system?

（Or, if you still want the item, shall we try to resend you a new one by other Registered post way? ）

What's your opinion?

Waiting for your reply!

Thank you again for your understanding and patience on this international post matters!

Best regards and happy new year!

Sincerely

olive

3．其他各国因圣诞或新年延误通用的回复

Dear my friend!

Thank you for shopping with us , Your tracking number is RR987875441CN.

You can track you parcel's tracking number （RR987875441CN ） on China Post tracking page:

http://intmail.183.com.cn/item/trace/itemTraceAction.do?action=Enter

Now the newest information on China post is :" RR987875441CN

departure from outward office of exchange

To: CANADA

2010-11-28　"

That means: on Nov-28, the parcel passed the China Customs and arranged the nearest cargo flight to your Country.

We received your payment on Nov-23, and we shipped the item on Nov-24 BY Registered International Flat Mail（The first business day after payment）. As we mentioned in describe page, It will take 7 to 20 business days to your country （plus SAT and SUN days, it will totally 9 to 28 days ）.

However, due to near Xmas and new year days, there has been a significant increase in outbound airmail traffic from November,2010. As the supply of air cargo space might not be able to cope with the demand, some airmail items destined for Europe and North America are subject to delays.

Maybe that's why you still haven't got your items for 34 days after your payment.

We apologize so much for the uncontrollable delay caused by the holiday post jam!

But We understand that you are urgent to get your parcel as soon as possible.

Thus, if you don't want to wait any longer , please do reply to tell us, we would like to REFUND you ALL your money with NO excuse.

Or, if you still want the item, shall we try to resend you a new one by other Registered post way?

We don't want to give you a bad shopping experience even when the shipping is out of our control.

Is that OK?

What's your opinion?

We apologize again for any convenience to you caused by this item's unexpected delay on post way!

Waiting for your reply!

Best regards!

Sincerely

Olive

4．对未挂号的回复

Dear Friend!

Sorry to hear that your still haven't got your item yet.

As we said in the item's page and last email, normally it will take about 7 to 20 business days （Plus Saturdays and Sundays, that will be 9 to 28 days） to arrive your Cuntry.

However, your parcel's shipping time has been about 28 days. So we have reason to believe that your parcel may met some problems and to be delayed on the post way.

1. You know, after the "parcel bombs" event on Oct-31 aimed to US, the UK and US Customs became very strict and the "Customs clearance" turned slower. Many parcel were delayed in UK Customs.

You can view the Hongkong post notice as reference:

http://www.hongkongpost.com/eng/publications/notices/2010/20101116a/index.htm

2. due to near Xmas and new year days, there has been a significant increase in outbound airmail traffic from November,2010. As the supply of air cargo space might not be able to cope with the demand, some airmail items destined for UK and North America are subject to delays.

3. As advised by the postal administration of the UK, due to heavy snow, delivery services （including Speedpost） in the country, are subject to delay.

We apologize so much for the uncontrollable delay caused by the "parcel bombs" event , holiday post jam and the heavy snow !

Thus, if you don't want to wait any longer , please do reply to tell us, we would like to REFUND you ALL your money with NO excuse.

Or, if you still want the item, shall we try to resend you a new one by other Registered post way.

As we said before, we don't want to give you a bad shopping experience even when the shipping is out of our control.

So could you wait for more 7 days ? if after 7 days later ,you still don't receive the items ,we will REFUND you ALL your money with NO excuse or arrange to resend them to you again at once .Is that Ok ?

What's your opinion?

We apologize again for any convenience to you caused by this item's lost or delay on post way.

Waitin

egards and happy new year!

Sinceg for your reply!

Best rre

Olive.

第 9 章

小语种国家客服模板

本章要点：

- 俄罗斯语国家客服模板
- 西班牙语国家客服模板

近年来，跨境电商的一个重要趋势就是众多非英语国家客户的快速增长。特别是在阿里巴巴速卖通平台，非英语国家的客户占据了可观的比重。为提供更加完善的服务，提升业务的增长空间，客服语种的本土化就变得日益重要。我们欣喜地看到，许多较为成熟的团队逐步增加了小语种客服和营销人员，这也体现了中国卖家专业化加深的趋势。为了迎合这一趋势，本章提供了更实用的参考，基于本书第 8 章"客服模板整理"的内容，在本章中翻译提供了俄罗斯语和西班牙语的版本，并按照相同的逻辑进行排序整理。

9.1　俄罗斯语国家客服模板

9.1.1　售前模板

1．当买家光顾你的店铺，并询问产品信息时

> Напр.1：Привет, мой дорогой друг. Спасибо за посещение моего магазина, Вы можете найти продукты, что Вам нужно от моего магазина. Если там нет, что Вам нужно, Вы можете сказать нам, и мы будем помочь Вам найти источник. Делайте , пожалуйста, как Вам удобнее,купить что-нибудь Вам нравятся! Спасибо еще раз.

2．催促下单，库存不多

> Уважаемый X,
>
> Спасибо за Ваш запрос.
>
> Да, у нас есть этот продукт на складе. Сколько Вы хотите? Именно сейчас, у нас есть только X шт X цвета. Поскольку они очень популярны,эти продукты имеет высокий риск распродать в ближайшее время. Пожалуйста, отправляйте Ваш заказ как можно скорее. Спасибо большое!
>
> С уважением,
>
> （Ваше имя）

3．回应买家砍价

> Уважаемый X,

Спасибо Вам большое, что Вы интересуетесь нашими продуктами.

Извините, мы не можем принимать эту цену, которую Вы просили. Мы считаем, что указанная цена является разумной и была тщательно рассчитана и оставляет нам ограниченная прибыль уже.

Тем не менее, мы хотели бы предложить вам некоторые скидки на оптовые закупки. Если Ваш заказ больше чем X шт, мы предоставим Вам скидку до XX%.

Пожалуйста, Свяжитесь с нами,если у Вас любой дальнейший вопрос. Спасибо.

С уважением,

（Имя）

4. 断货（нет в наличии）

Уважаемый X,

Мы сожалеем сообщить вам, что этот продукт нет в наличии на данный момент. Мы свяжемся с заводом, чтобы узнавать, когда они снова поставить товары. Также, мы хотели бы рекомендовать Вам несколько другие продукты подобного стили. Мы надеемся, что Вам понравятся. Вы можете кликать следующую ссылку, чтобы читать их.

http://www.aliexpress...

Свяжитесь с нами,Пожалуйста, если у Вас любой дальнейший вопрос. Спасибо.

С уважением,

（Имя）

周末导致回复不够及时，先表示歉意，因为错过了最佳 24 小时回复时间，所以可通过主动打折的方式赢取客户。

Уважаемый X,

Прошу прощения за запоздалый ответ из-за выходной. Да, у нас есть этот продукт в наличии. И чтобы показать наши извинения за запоздалый ответ, мы предложим вам 10% скидку. Пожалуйста, отправляйте заказы до пятницы, чтобы пользоваться этой скидкой.

Свяжитесь с нами,Пожалуйста, если у Вас любой дальнейший вопрос.
Спасибо.

С уважением,

（Имя）

5. 推广新产品时

采购期间可根据自己的经验，给买家推荐自己热销的产品。

Привет ,друг,

Сейчас скоро Рождество, а рождественский подарок имеет большой
потенциальный рынок. Многие покупатели покупали их для перепродажи в
собственном магазине, это продукт высокой рентабельность , вот ссылка наших
рождественских подарков , пожалуйста, кликайте, что бы просмотреть их , если вы
хотите купить больше, чем 10шт, мы также можем помочь вам получить оптовую
цену. Спасибо.

С уважением

（Имя）

9.1.2　售中模板

1. 关于支付

选择第三方支付（escrow），提醒折扣快结束了。

Здравствуйте, X,

Спасибо за сообщение. Обратите внимание, что только 3 дня осталось, чтобы
получить скидку 10%, сделав выплаты с escrow （ Кредитной карты,Visa,
MasterCard, букеры или Вестерн Юнион）. Пожалуйста, сделайте оплату как можно
скорее. Я также дарю Вам дополнительный подарок, чтобы показать нашу
признательность.

Свяжитесь с нами,Пожалуйста, если у Вас любой дальнейший вопрос. Спасибо.

С уважением,

（Имя）

2. 合并支付及修改价格的操作

Уважаемый Х,

Если вы хотите отправлять один заказ с многими продуктами, пожалуйста, сначала нажмите кнопку "Добавить в корзину", затем "Купить сейчас", и проверить ваш адрес и детали заказа тщательно перед нажав "отправить". После этого, пожалуйста, сообщите мне, и я буду снижать цену до US$XX. Вы можете обновить страницу, чтобы продолжить платеж. Спасибо.

Не стесняйтесь связаться с нами,пожалуйста, если у Вас любой дальнейший вопрос. Спасибо.

С уважением,

（Имя）

3. 提醒买家尽快付款模板

Уважаемый Х,

Спасибо большое за ваша покупка от нас. Однако, мы заметили, что Вы не произвели оплату еще. Это дружеское напоминание для вас, чтобы завершить платежную операцию как можно скорее. Своевременные выплаты очень важны; чем раньше Вы оплатите, тем быстрее получите товар.

Если у вас есть какие-либо проблемы об оплате, или если Вы не хотите завершить заказа, скажите нам,пожалуйста, мы можем помочь Вам решить проблемы оплаты или отменить заказ.

Спасибо еще раз ! Жду Ваш ответ.

С уважением,

（Имя）

Уважаемый X,

Мы благодарим, что Вы заказали у нас. Вы выбрали один из самых популярных продуктов в нашем магазине. Он очень популярен из хорошего качества и конкурентоспособной цены. Именно сейчас, у нас есть только x шт x цветов остались. Мы хотели бы сообщить Вам, что этот продукт имеет высокий риск распродавать в ближайшее время.

Мы заметили, что Вы не завершили процесс оплаты заказа. Мы хотели бы предложить вам 10% скидку на Ваш заказ, если вы покупаете сейчас, чтобы убедиться, что продукт не распродать. Мы отправляем Ваш заказ не познее 24 часа как только ваша плата подтвердила. Если Вам нужна помощь или есть какие-либо вопросы,скажите нам,пожалуйста,

С уважением,

（Имя）

PS: мы являемся одним из крупнейших поставщиков на aliexpress. С более чем 3-летний опыт работы в мировой торговле, мы можем обеспечить оптимальные цены, высокое качество и превосходный сервис. Мы проверяем наши продукты перед отправкой их и предоставляем 1 год гарантии на все продукты. Мы обещаем дать Вам полный возврат, если продукт не как описано.

Если у Вас есть какие-либо вопросы, пожалуйста, свяжитесь с нами, мы с удовольствием поможем Вам.

4．订单超重导致无法使用小包免邮的回复

Уважаемый X,

К сожалению, бесплатная доставка на данный товар недоступен; я извиняюсь за путаницу. Бесплатная доставка только для посылок весом до 2кг, которые могут быть погружены через China Post Air Mail. Однако, тяжесть продукта, который вы хотели бы приобрести более 2 кг. Вы можете либо выбрать другой экспресс-доставки, таких как UPS или DHL （которая будет включать фрахт доставки, но скорость которых тоже гораздо быстрее). Вы можете размещать заказы отдельно, убедившись, что каждый заказ весит менее 2кг, воспользоваться бесплатной доставкой.

Не стесняйтесь связаться с нами,пожалуйста, если у Вас любой дальнейший вопрос. Спасибо.

С уважением,

（Имя）

5. 海关税（customs tax）

Уважаемый X,

Спасибо за Ваш запрос, и я рад связаться с Вами.

Я понимаю, что Вы беспокоитесь о возможной дополнительной плате для данного продукта. Основываясь на прошлом опыте, налоги на импорт падает в двух ситуациях.

Во-первых, в большинстве стран, оно не предполагает каких-либо дополнительных расходов на стороне покупателя для подобных небольших или недорогих предметов.

Во-вторых, в некоторых отдельных случаях, покупателей может понадобиться оплатить некоторые налоги на импорт или таможенных платежей даже при их покупке небольшой. Как на конкретные услуги, пожалуйста, проконсультируйтесь с Вашим офисом местных обычаев.

Я благодарю за Ваше понимание!

С уважением,

（Твое имя）

6. 因物流风险，卖家无法向买家国家发货时给出的回复

Уважаемый X,

Спасибо за Ваш запрос.

Я приношу свое извинение сообщить вам, что наш магазин не в состоянии предлагать

обслуживание перевозки груза к вашей стране. Однако, если Вы планируете отправить заказы в другие страны, скажите нам, пожалуйста, надеюсь Ваши будущие заказы.

Я благодарю за Ваше понимание!

С уважением,

（Твое имя）

7. 已发货并告知买家

Уважаемый X,

Благодарим Вас за покупка с нами.

Мы уже отправляли Ваш заказ （Номер заказа: XXX） на 10 февраля по EMS. Тракинг номер XXX. Это займет 5-10 рабочих дней, чтобы добраться до места назначения, но, пожалуйста, проверьте информацию отслеживания для получения обновленной информации. Спасибо за ваше терпение!

Не стесняйтесь связаться с нами,пожалуйста, если у Вас любой дальнейший вопрос. Спасибо большое.

С уважением,

（Имя）

8. 没有直航货机

Дорогой друг!

Да, на самом деле мы можем отправить этот продукт в Литву.

Однако, есть только одна проблема.

（亲爱的朋友，是的，我们的确可以发货至立陶宛，但是有一个问题。）

Из-за нет прямой грузовой рейс между Литвой и Китаем, товары передаваемые туда потребуется переводить из других стран Европы.

（由于没有去立陶宛的直飞航班，所有去该国的包裹都要通过欧洲其他国家中转。）

То сделать время доставки трудно контролировать.

（所以在运输时间上很难控制。）

В соответствии с нашим прежним опытом, обычно это займет от 25 до 45 дней, чтобы прибыть в вашу страну.

（根据之前的经验，一般要花 25~45 天到达你们国家。）

Это хорошо для вас？

Жду ваш ответ！

С уважением

9.1.3 售后模板

1. 物流遇到问题

Уважаемый X,

Спасибо за Ваш запрос, я рад связаться с Вами.

Мы хотели бы подтвердить, что мы направили пакет на 16 января, 2012. Однако, мы были проинформированы, что посылка не приехала из-за проблем доставки транспортной компании. Мы повторно отправили Ваш заказ по EMS; новый отслеживая номер: XXX. Обычно это занимает 7 дней, чтобы прибыть к месту назначения. Мы очень сожалеем за доставленные неудобства. Спасибо за ваше терпение.

Не стесняйтесь связаться с нами,пожалуйста, если у Вас любой дальнейший вопрос. Спасибо большое.

С уважением,

（Имя）

2．如果买家希望提供样品，而贵公司不支持样品时的回复

Уважаемый Х,

Спасибо за Ваш запрос, я рад связаться с вами.

Относительно вашего запроса, мне очень жаль сообщить Вам, что мы не в состоянии предложить бесплатные образцы. Чтобы проверить нашу продукцию мы рекомендуем заказать только одну единицу товара（цена может быть немного выше, чем заказ оптом）. В противном случае, вы можете заказать его в полном количестве. Мы можем гарантировать качество, потому что каждый кусок нашего продукта тщательно проверяется нашими рабочими персоналами. Мы считаем, что надежность является ключом к успешному бизнесу.

Не стесняйтесь связаться с нами,пожалуйста, если у Вас любой дальнейший вопрос. Спасибо большое.

С уважением,

（Имя）

3．退、换货问题

Дорогой друг,

Я извиняюсь за неудобства. Если Вы не удовлетворены продуктов, вы можете вернуть товар обратно к нам.

Когда мы получаем товар, мы дадим Вам замену или полный возврат средств. Мы надеемся сделать бизнес с вами надолго.

И мы дадим вам большие скидки в Вашем следующем заказе.

С уважением,

（Имя）

4．求好评

Дорогой друг,

Если Вы удовлетворены, мы искренне надеемся, что Вы можете найтинекоторые из Ваших драгоценных минут, чтобы оставить нам положительный отзыв и полный 5-звездочный подробный рейтинг продавца, которые имеют жизненно важное значение для роста нашей небольшой компании.

Кроме того, пожалуйста, не оставляйте нам 1, 2, 3 или 4-звездочные подробные рейтинги продавца ,потому что они равны отрицательной отзыв. Как мы сказали прежде, если Вы не удовлетворены в любом связи, сообщите нам, пожалуйста.

С уважением,

（Имя）

5. 海关速度慢

Дорогой друг!

Да, на самом деле мы можем отправить эти товары в Италию.

Однако, есть только одна проблема.

Из-за таможня Испании и Италии гораздо строже, чем любой другой страны Европы, пакет в этих двух стран часто встречаются "Таможенный досмотр".

Что сделать время доставки трудно контролировать.

В соответствии наш прежний опыт, обычно это займет от 25 до 45 дней, чтобы пакет прибыть в Вашу страну.

С другой стороны, из-за близости Рождества, большинство наших клиентов покупают подарки Рождества, и мы не можем обеспечить пакет приехать в Италию во времени.

Это хорошо для Вас ?

Жду ваш ответ!

С уважением

（Имя）

9.1.4　特殊情况

1. 受英国大雪影响的回复

Дорогой мой друг!

Жаль, что до сих пор Вы не получили свой товар.

Ваш номер для отслеживания RR953599254CN

Вы можете отслеживать его на наш почтовой сайт :

http://intmail.183.com.cn/item/trace/itemTraceAction.do?action=Enter

Новейшая информация на вышеуказанной странице :

"RR953599254CN

2010

отъезд от внешних учреждение обмена

В: Великобритания

2010-11-16"

Что означает: на 16 ноября, посылка прошла таможню Китая и была устроенна ближайший грузовой рейс в Вашу страну.

Как мы уже говорили в странице товара и в прошлом электронной почте, обычно это займет около 7 до 20 рабочих дней, чтобы прибыть Великобритании （ плюс к субботам и воскресеньям, то есть от 9 до 26 дней ）

Однако, время доставки Вашей посылки была 25 дней, очень близко к самой длинной времени почта мы гарантировано.

Вы знаете, с конца ноября, всего почтового система Великобритании повлияла сильный снегопад в большинстве районах. Таким образом, услуги по доставке （ в том числе Speedpost ）, подлежат задержке.

Может быть, поэтому Вы до сих пор не получили Вашу посылку.

Вы можете просмотреть коррелятивное извещение на гонконгской почте:

http://www.hongkongpost.com/eng/publications/notices/2010/20101207a/index.htm

Тем не менее, мы понимаем Ваше желание, чтобы получать товары как можно раньше. Так что если Вы не хотите больше ждать, пожалуйста, сообщите нам.

Мы можем вернуть все Ваши деньги сейчас.

Или, не могли бы вы любезно дать системе немного больше времени?

Каково Ваше мнение?

Жду ваш ответ!

С уважением,

（Имя）

2. 澳洲邮局放假延误的回复

Дорогой друг!

Огромное спасибо за ваш шоппинг с нами!

Ваш номер для отслеживания RR947013355CN .

Мы получили Ваш новый платеж на Дек-03 и отправили посылку на Дек-04.

Обычно это занимает от 7 до 20 рабочих дней, чтобы прибыть в Австралию. （плюс СБ и ВС дни, он будет полностью 9 до 28 дней）. Международная перевозка груза требует более сложной процедур доставки （например, таможенный между двумя странами, транзитные станции и др）,что сделать время перевозки между двумя странами всегда длиннее, чем внутренной перевозки. Большое спасибо за Ваше понимание по этому поводу!

С другой стороны,из-за Рождество и Новый год, во время почтовой времени Вашей посылки , всего 5-6 дней, что австралийская почта и таможня были в отпуске. Что сделать международный пакет занять больше времени приехать к Вам.

Вы можете просмотреть коррелятивное извещение почта Австралии:

http://auspost.com.au/about-us/christmas-and-new-year-holiday-services.html

Приносим свои извинения за этот задержек праздника ! И огромное спасибо за Ваше понимание и терпение.

Однако, мы знаем, что Вам, возможно, понадобятся предметы очень срочно. Поскольку Ваша посылка в почтовое был 25 дней, таким образом, если Вы не хотите ждать, мы вернем все Ваши деньги обратно.

Или, не могли бы Вы дать немного больше времени почтовому систему?

（ Или, если Вы все еще хотите этот пакет, мы будем попытаться снова отправлять Вам новый по другому способу заказного почты?　）

Каково Ваше мнение?

Жду Ваш ответ!

Еще раз благодарю вас за Ваше понимание и терпение про этом международным почтовым вопросе!

С наилучшими пожеланиями и с новым годом!

С уважением,

（ Имя ）

3. 其他各国因圣诞或新年延误通用的回复

Дорогой мой друг!

Благодарим Вас за покупка с нами , и Ваш номер для отслеживания RR987875441CN.

Вы можете отслеживать посылку по трекинг-номеру （ RR987875441CN ） на странице отслеживания почтовых отправлений Китая :

http://intmail.183.com.cn/item/trace/itemTraceAction.do?action=Enter

Теперь самая свежая информация по почте Китая является :

" RR987875441CN

отъезд от внешних учреждение обмена

В: Канада

2010-11-28"

Что означает: на 28 ноября, посылка прошла таможню Китай и была устроенна ближайший грузовой рейс в Вашу страну.

Мы получили Ваш платеж на 23 ноября, и отправили товар на 24 ноября по заказной международной простой почте（первый рабочий день после оплаты）. Как мы уже упоминали в разделе описывать, это займет от 7 до 20 рабочих дней к Вашей стране （ плюс СБ и ВС дни, он будет полностью 9 до 28 дней ）.

Однако, из-за близкость Рождества и новогоднего дня, наблюдается значительное увеличение исходящего трафика авиапочтой с ноября 2010 года. В качестве пространство грузового рейса может быть не сможет справиться со спросом, некоторые товары авиапочты, предназначенные для Европы и Северной Америки подвержены задержкам.

Может, поэтому Вы до сих пор не получили Ваш пакет в течение 34 дней после оплаты.

Прошу прощения за неконтролируемые задержки, вызванного пикам почты после отпуска !

И мы понимаем, что Вы срочны, чтобы получить Вашу посылку как можно скорее.

Таким образом, если Вы не хотите ждать, скажите нам, пожалуйста, мы хотели бы вернуть все Ваши деньги без причины.

Или, если Вы все еще хотите этот продукт, мы будем попытаться снова отправить Вам новый по другому способу заказного почты.

Мы не хотим дать Вам плохой опыт покупки даже тогда, когда доставки находится вне нашего контроля.

Это хорошо?

Каково Ваше мнение?

Мы приносим извинения снова за любые удобства для Вас из-за неожиданные задержки этого товары на путь перевозки!

Жду вашего ответа!

С уважением,

（Имя）

4．对未挂号的回复

Дорогой Друг!

Очень жаль, что до сих пор Вы не получили свой товар.

Как мы уже говорили в странице товара и в прошлой электронной почте, обычно это займет около 7 до 20 рабочих дней （плюс субботам и воскресеньям, что будет от 9 до 28 дней） для того чтобы прибыть к Вашу стране.

Однако, время доставки Вашей посылки был около 28 дней. Поэтому мы думаем, что Ваша посылка может встречала какие-то проблемы и задержки на путь перевозки.

1.Вы знаете, после "бомбы посылки" события 31-ого октября направленное к США, таможня Великобритании и США стала очень строгим и "растаможка" стала медленнее. Многие посылки задержались в таможне Англии.

Вы можете просмотреть извещение гонконгской почты:

http://www.hongkongpost.com/eng/publications/notices/2010/20101116a/index.htm

2.Из-за близкость Рождества и новогоднего дня, наблюдается значительное увеличение исходящего трафика авиапочтой с ноября 2010 года. В качестве пространство грузового рейса может быть не сможет справиться со спросом, некоторые товары авиапочты, предназначенные для Европы и Северной Америки подвержены задержкам.

3.Как сообщение почтовой администрации Великобритании, из-за сильных снегопадов, поставки услуг （в том числе Speedpost） в стране затягивается.

Прошу прощения за неконтролируемые задержки, вызванного событием "бомбы посылки", пикам почты после отпуска и сильным снегопадом !

Таким образом, если Вы не хотите ждать, скажите нам,пожалуйста, мы хотели бы вернуть все Ваши деньги без причины.

Или, если Вы все еще хотите этот продукт, мы будем попытаться снова отправить Вам новый по другому способу заказного почты.

Как прежде мы сказали, мы не хотим дать Вам плохой опыт покупки даже тогда, когда доставки находится вне нашего контроля.

Так не могли бы Вы подождать еще 7 дней ? если после 7 дней Вы еще не получаете пакет ,мы ВОЗВРАТИМ Вам все деньги без причины или организуем отправку снова к вам сразу .Это хорошо?

Каково Ваше мнение?

Мы приносим извинения ещё раз за любые неудобства для Вас из-за потеря или задержки пакета на путь перевозки.

Жду ваш ответ!

С уважением,

（Имя ）

9.2　西班牙语国家客服模板

9.2.1　售前模板

1. 当买家光顾你的店铺，并询问产品信息时

Напр.**1**：Hola, mi amigo. Gracias por su visita a mi tienda. Usted uede buscar los productos que necesitan. Si no puede encontrar lo que busca, contáctese con nosotros, por favor. Y le ayudamos a encontrar lo que busca. Deseamos que usted tenga una experiencia de compra agradable, Gracias de nuevo.

2. 催促下单，库存不多

Querida X / Querido X:

Gracias por su consulta. Claro que tenemos este artículo en stock.

Cuantos quiere? Ahora, sólo tenemos X lots de X color. Ya que usted está pidiendo es muy comerciales,se han vendido rápido. Por lo que le pediría por favor , haga su pedido lo más pronto posible para poder atenderlo. Gracias.

Saludo.

3. 回应买家砍价

Querida X / Querido X:

Gracias por su interés en mi artículo. En esta occasion no sera possible bajar el precio al articulo que ustes me solicita, ya que creemos que el precio que estamos colocando es razonable segun el Mercado y el beneficio que obtengo es limitado .

Sin embargo nos gustaria ofrecerles algunos descuentos en compras de gran cantidad. Si su pedido es mas de X piezas, le podemos brindar un descuento del X%, Si tiene otras preguntas, contactese con nosotros, por favor.

Gracias.

Saludos,

XXX

4. 断货

Querida X / Querido X:

Sentimos informarle de que el artículo solicitado está fuera de stock ahora. Vamos a contactar con la fábrica para saber cuando tenemos el stock. También, nos gustaría recomendarle algunos artículos que son del mismo estilo. Esperamos que le guste.

Puede hacer click el enlace pare comprar. http://www.aliexpress…

Si tiene otras preguntas, contactese con nosotros, por favor. Gracias.

Saludos,

XXX

周末导致回复不够及时，先表示歉意，因为错过了最佳 24 小时回复时间，所以可通过主动打折的方式赢取客户。

Querida X / Querido X:

Sentimos no haber respondido a tiempo, debido a los fines de semana.

Respecto a su pedido, claro que tenemos este artículo en stock. Y para mostrar la disculpa por la respuesta tarde, le ofrecemos 10% descuenta a usted en su compra.

Por favor hacer el pedido antes del viernes para disfrutar de este descuento. Si tiene otras preguntas, contactese con nosotros, por favor.

Gracias.

Saludos,

XXX

---

5. 推广新品时

采购季节期间根据自己的经验，可给买家推荐自己热销的产品。

Hola, mi amigo.

Se acerca la navidad y los productos navideños tienen una gran acogida por esta epoca.

Usted tendrá muchos compradores por lo que el margen de beneficio es alto.

Aquí le dejo el enlace de reaglo de Articulos Navideños , hacer click en el enlace .

Si usted compr mas de 10 piezas , también podemos ayudarlo a tener un precio especial al por mayor.

Gracias,

Saludos

9.2.2　售中模板

1. 关于支付

选择第三方支付（escrow），提醒折扣快结束了。

Querida X / Querido X:

Gracias por su mensaje. Tenga en cuenta que solo queda 3 días para obtener el descuento del　10% por pagos con Escrow（tarjeta de crédito, Vísa, MaterCard, bookers de dinero o Western Union）. Por favor realiza el pago tan pronto como sea posible, vamos a enviarle un regalo adicional para mostrar nuestro agradecimiento. Si tiene otras preguntas, contactese　con nosotros, por favor.

Gracias.

Saludos,

XXX

2. 合并支付及修改价格的操作

Querida X / Querido X:

Si quiere realizar un pedido por muchos artículos, haga el favor de click ¨ add to cart¨ primero, y luego ¨ buy now¨ , y comprobar su dirección y detalles de la orden cuidadosamente antes de hacer click ¨ submit¨.

Después de eso, contactese conmigo, por favor.

Y voy a reducir el precio a US $ XX. Puede actualizar la página para continuar su pago. Gracias.

Si tiene otras preguntas, contacta con nosotros, por favor. Gracias.

Saludos,

XXX

3. 提醒买家尽快付款模板

Querida X / Querido X:

Agradecemos　su compra de nosotros. Sin embargo, nos dimos cuenta de que no ha realizado el pago aún. Este es un condicion　para completar el pago tan pronto como sea posible.　Pagos al contado son muy importantes, cuanto antes paga más pronto conseguir el artículo, si tiene problemas de hacer el pago, o si no quiere la orden, contactese con nosotros, por favor.

Vamos a ayudarle a resolver los problemas o cancelar el pedido.

Gracias de nuevo.

Saludos,

xxx

4. 订单超重导致无法使用小包免邮的回复

Querida X / Querido X:

Lamentablemente el envio gratuito para este artículo no está disponible.

Lo sentimos mucho. El envio gratuito es sólo para el paquetes menores de 2kg, que puede enviarse con China post Air mail. Sin embargo, el peso del artículo que quiere comprar es más de 2kg. Puede escoger otra compañia expresa, como UPS o dhl（que incluyen gastos de envio, pero que también son más rápido）. Puede hacer los pedidos por separado, asegurándose de que cada paquete pese menos de 2kg, para aprovechar el envio gratuito. Si tiene otras preguntas, contactese con nosotros, por favor. Gracias.

Saludos

5. 海关税（customs tax）

Querida X / Querido X:

Gracias por su consulta y estoy feliz de contactarlos. Entiendo que usted está preocupado por el costo adicional para este artículo.Basado en nuestra experiencia tenemos dos propuestas. En primer lugar, la mayoría de los países, no implica ningún gasto extra por parte del comprador para artículos pequeños de bajo costo similares. En segundo lugar, en algunos casos individuales, los compradores que deba pagar alguna costo por cargos impuestos o aduanas, incluso cuando su issmall compra es pequeña . En cuanto a tarifas especificas, por favor consulte su oficina de Aduanas local. Agradezco por su comprensión! Sinceramente

6. 因物流风险，卖家无法向买家国家发货时给出的回复

Querida X / Querido X:

Gracias por su consulta. Lamento informarte que nuestra tienda no es capaz de proporcionar el servicio de envío a su país. Sin embargo, si usted planea enviarlo a otros países, por favor hágamelo saber. Esperamos que podemos acomodar pedidos futuros,. Agradezco por su comprensión! Sinceramente.

7.　已发货并告知买家

Querida X / Querido X:

Gracias por comprar con nosotros. Hemos enviado su orden（order Id XXX）,el 10 de febrero. El número de seguimiento es XX, se tarda 5'10 días laborables a llegar a su destino. Pero haga el favor de comprobar la información de seguimiento. Gracias por su paciencia. Si tiene otras preguntas, contacta con nosotros, por favor. Gracias.

Saludos

8.　没有直航货机

Querido amigo!

Sí, realmente podemos enviar este artículo a Lituania.Sin embargo, debido a hay pocos vuelo de carga directo entre Lituania y China, los artículos enviados tiene que ser transitado por otros países. En　Europa　el tiempo del envío es difícil de controlar. Con nuestra experiencia anterior, normalmente tardaría 25 a 45 días para llegar a tu país.

¿Es bien para usted?　Estamos a la espera de su respuesta! .

9.2.3　售后模板

1.　物流遇到问题

Querida X / Querido X:

Gracias por su consulta. Me complace　contactarme con usted. Nos gustaria confirmar que enviamos el paquete a 16 de enero de 2012. Sin embargo, se nos inform que el paquete no llegó debido a problemas de envio con la compañia de transporte. Hemos enviado a su orden por el EMS, el nuevo número de seguimiento es: xxx. Generalmente tarda 7 días para llegar a su destino. Lamentamos las molestia. Gracias por su paciencia.

Si tiene otras preguntas, contactese con nosotros, por favor. Gracias.

Saludos

2. 如果买家希望提供样品，而贵公司不支持样品时的回复

Querida X / Querido X:

Gracias por su consulta. Me complace   contactarme con usted

Respecto a tu petición, lamento informarles que no somos capaces de ofrecer muestras gratis. Para ver nuestros productos le recomendamos pedir sólo una unidad del producto （el precio puede ser un poco más alto que pedidos por lote）. De lo contrario, puede pedir la cantidad completa. Aseguramos la calidad porque cada pieza de nuestro producto es examinado cuidadosamente por nuestro personal de trabajo. Creemos que la confianza es la clave para un negocio exitoso.

Si tiene otras preguntas, contacta con nosotros, por favor. Gracias.

Saludos

3. 退、换货问题

Estimado amigo,Pido disculpa por las molestias. Si no está satisfecho con los productos, puede devolvernos el producto. Al recibir las mercaderia, le daremos un cambio o un reembolso completo. Esperamos hacer negocios con usted fo mucho tiempo.Le daremos un gran descuento en tu próximo pedido.

Saludos

4. 求好评

Estimado amigo,Si está satisfecho, esperamos sinceramente que usted puede tomar algunos minutos y nos deje un comentario positivo y clasificación de 5 estrellas en cuanto detallada al vendedor, que son de vital importancia para el crecimiento de nuestra pequeña empresa. Además, por favor, no nos deja valoraciones como vendedor de detalle 1, 2, 3 o 4 estrellas porque son igual a la negatividad del servicio. Como hemos dicho antes, si no estás satisfecho en cualquier sentido, por favor díganos.Saludos

5．海关速度慢

Querido amigo!

Sí, en realidad nos puede enviar estos artículos a Italia.

Sin embargo, sólo hay un problema.

Debido a que las costumbres de España e Italia son mucho más estrictas que otros países de Europa las parcelas a estos dos países a menudo reunirse "inspección de aduanas".

Que hacen que el tiempo de envio es de difícil control.

Como nuestra anterior experiencia, normalmente tendrá 25 a 45 dias en llegar a tu país.

Por otro lado, debidoa que estamos a visperas de la navidad , la mayoria de nuestros clientes estan comprando regalos de Navidadeños .

Por lo que no podemos asegurar que los paquetes pueden llegar a Italia en el tiempo.

¿Está bien eso para usted?

¡Esperando su respuesta!

Sinceramente

9.2.4　特殊情况

1．受英国大雪影响的回复

¡Mi querido amigo!

Lamento oír que aún no tiene su paquete..

Su número de seguimiento es rr953599254cn

Usted puede rastrear en nuestro Post Office Web:

La más reciente información sobre el encima pagina es:

http://intmail.183.com.cn/item/trace/itemTraceAction.do?action=Enter

" RR953599254CN

2010

departure from outward office of exchange

To: GREAT BRITAIN

2010-11-16 "

Eso significa: en nov-16, el paquete pasa la aduana China y arreglado el próximo vuelo de carga para tu país.:

Como dijimos en el artículo de la página y último correo electrónico, normalmente tardará alrededor de 7 a 20 días laborales a llegar U.K. （además de los sábados y el domingos, es de 9 a 26 días）Sin embargo, tiempo de envío de su paquete ha sido 25 días, muy cerca el tiempo más largo de post garantizamos. Usted sabe, desde finales de noviembre, que todo sistema de correos del Reino Unido se vio afectado por las Novedades en la mayoría de las áreas. Por lo tanto, servicios de entrega （incluyendo Speedpost） está sujetos a demora. Quizá por eso aún no tienes tu pedido . Puede ver la nota relacionada en poste de Hong-Kong: http://www.hongkongpost.com/eng/ Publications/Notices/ 2010/ 20101207a/index.htm Sin embargo, entendemos su deseo de recibir los artículos tan pronto como sea posible. Así que si usted no quiere esperar más, por favor, responda para contactarnos. Nosotros podemos devolverle todo su dinero ahora mismo. ¿O, podría dar usted amablemente espera un poco más de tiempo?¿Cuál es tu opinión? Esperando su respuesta! Sinceramente

2. 澳洲邮局放假延误的回复

Querido amigo!Muchas gracias por tu compra con nosotros!Su número de seguimiento es RR947013355CN. Hemos recibido su pago nuevo en Dic-03 y enviamos el paquete a Dic-04. Normalmente tardará de 7 a 20 días laborables en llegar a Australia. （más días el Sáb y el Dom, será totalmente 9 a 28 días）, envío internacional requiere procedimientos de envío más complicados （como las costumbres de ambos países, de tránsito estaciones etc.）, que hacen que el tiempo de post entre dos países siempre es más largo que correos nacionales. Muchas gracias por su comprensión en este asunto! Por otro lado, debido a los días de Navidad y año nuevo, durante el tiempo de post de tu pedido , totalmente hay 5 a 6 días que la oficina de correos de Australia y por sus costumbres ello se encuentran de vacaciones.Por lo　Que hacen　los paquetes de internacional　tomen un tiempo más largo para llegar usted.Puede ver el aviso de Australia post relacionado: http://AusPost.com.au/ about-us/Christmas-and-New-Year-Holiday-Services.html

Pedimos disculpas por este retraso de vacaciones! Y muchas gracias por su comprensión y paciencia.Sin embargo, sabemos que pueden necesitar los artículos muy urgentemente. Desde tiempo de post de su paquete 25 días, por lo tanto, si no quieres esperar más, le devolvemos su dinero. O, ¿le importaría darle un poco más de tiempo para el sistema de correos? （ O, si todavía quiere el artículo, tratamos de usted enviar uno nuevo por otros post registrado forma? ） ¿Cuál es tu opinión?Esperando su respuesta!Gracias otra vez por su comprensión y paciencia en este post internacional importa!Saludos cordiales y feliz año nuevo!Sinceramente

3．其他各国圣诞或新年延误通用的回复

Estimado amigo!Gracias por comprar con nosotros, su número de seguimiento es RR987875441CN. Usted puede seguir el número de seguimiento del paquete （RR987875441CN）　en la página de seguimiento de correos de China:

http://intmail.183.com.cn/Item/Trace/itemTraceAction.do?Action=Enter

Ahora la nueva información sobre el poste de China es: "rr987875441cn

Salida de la oficina exterior de cambio

A: Canadá

2010-11-28 "

Eso significa: en nov-28, el paquete pasa la aduana China y arreglado el próximo vuelo de carga a tu país.

Hemos recibido su pago en nov-23, y enviamos el tema en nov-24 por correo certificado internacional plana　（el primer día hábil después del pago）.Como hemos mencionado en describir la pagina, tomará de 7 a 20 días hábiles para su país （Plus SAT y dias de sol, será totalmente 9 a 28 días）.

Sin embargo, debido a que cerca de la Navidad y año Nuevo, ha habido un aumento significativo en el tráfico aéreo a partir de noviembre, 2010.Como el suministro de aire, espacio de carga podria no ser capaz de hacer frente a la demanda, algunos Airmail articulos destinados para Europa y América del Norte están sujetas a retrasos.

Quizá por eso aún no tienes tus articulos para 34 días después de tu pago.

Pedimos disculpas tanto por la incontrolable retraso causado por la fiesta post Jam!

Pero entendemos que son urgentes para obtener su paquete tan pronto como sea posible.

Por lo tanto, si usted no quiere esperar más, por favor contactar a decirnos, nos gustaría devolveremos todo tu dinero con ninguna excusa.

Si aún quiere el articulo , vamos a tratar de enviar uno nuevo por otro correo certificado?

No queremos darle una mala experiencia de compra incluso cuando el envio es fuera de nuestro control.

Sinceramente

Oliva

4. 对未挂号的回复

Querido amigo!Siento escuchar que tu todavía no tienes tu artículo aún.Como dijimos en el artículo de la página y último correo electrónico, normalmente tarda entre 7 y 20 días （más los sábados y el domingos, que será 9 a 28 días） al llegar su país.

Sin embargo, el tiempo del envío de su paquete ha sido alrededor de 28 días. Así que tenemos razones para creer que su paquete puede conocido a algunos problemas y ser diferido en la forma de correos.

1. Usted sabe, después del evento "paquetes bomba" en octubre-31 dirigida a los EEUU, el Reino Unido y Aduanas de Estados Unidos llegaron a ser muy estricta y el "despacho de aduana" se volvió más lento. Muchos pedidos se retrasaron en Aduanas del Reino Unido.

Puedes ver el aviso Correos de Hong Kong como referencia:

http://www.hongkongpost.com/eng/publications/notices/2010/20101116a/index.htm

2. Debido a cerca de Navidad y nuevos días del año, ha habido un aumento significativo en el tráfico de correo aéreo de salida a partir de noviembre de 2010. A medida que la oferta de espacio de carga aérea podría no ser capaz de hacer frente a la demanda, algunos artículos por vía aérea con destino a Reino Unido y América del Norte están sujetos a demoras.

3. asesorados por la administración postal del Reino Unido, debido a las fuertes nevadas, los servicios de entrega （incluyendo Speedpost） en el país, están sujetos a retraso.

Pedimos disculpas tanto por el retraso incontrolable causada por los "paquetes bomba" de eventos, por la vacaciones y las nevadas.

Por lo tanto, si usted no quiere esperar más, por favor esperamos su respuesta, y gustosamente le devolveremos su dinero sin ninguna excusa.

O, si usted todavía quiere el artículo, vamos a tratar de volver a enviar uno nuevo por la otra manera .

Como hemos dicho antes, no queremos darle una mala experiencia de compra incluso cuando el envío está fuera de nuestro control.

Así que podrías esperar más de 7 días? si después de 7 días más tarde, todavía no recibe los artículos, le devolvemos todo su dinero sin excusa o los arreglos para volver a enviar a usted de nuevo a la vez que . ¿Bueno?

?Cual es tu opinion?

Pedimos disculpas de nuevo por cualquier conveniencia para usted causada por el retraso o perdida de este tema en forma posterior.

Esperando su respuesta!

Un saludo y feliz año nuevo!

Sinceramente

Aceituna.

第 10 章

客户关系管理

本章要点：

- 深挖客户潜在价值

- 如何对客户进行分类管理

- 如何精细化客户营销

曾有卖家和笔者抱怨说做速卖通很累！他说一天到晚发布产品、分析数据、做营销推广、拿货和发货，可是一年到头下来，与打工相差不了多少。然而，笔者身边也有一些朋友店铺经营的产品不多，发货量也不是很多，每天轻轻松松，还能买得起房和车。这是为什么？

据调查发现，买得起房和车的卖家朋友，在产品上是精细化经营，重要的是日常的客户维护占了很大比例。我们的卖家朋友会花很多时间和精力去研究产品如何得到更多的曝光点击，当看到有客户下单的时候欣喜万分，耐心地催付，认真地备货、发货，当交易完成时，感觉如释重负，却很少花更多的精力去研究客户背后的价值。

其实，相比国内买家，海外买家在我们店铺成交后，一旦拥有良好的购物体验会产生更高的依赖性，很有可能再次购买，同时速卖通上海外买家中存在大量小额批发客户，通过安全的交易保障体系，这些小额批发客户绕过当地的经销商而直接获得低廉的价格和优质的商品。

数据表明，一个老客户维护的成本是开发一个新客户成本的 1/7 ~ 1/8，如果我们对成交的客户好好进行管理和维护，使得他们再次购买，使新客户变成老客户，老客户变成重要客户，那么我们也能做到轻松运营店铺，轻松赚钱！

10.1 客户关系管理的理论基础

10.1.1 何为客户关系管理

客户关系管理（Customer Relationship Management，简称 CRM）在教科书的定义大致是这样的：基于客户的信息进行深入分析，挖掘客户潜在需求，提高客户满意度，增加客户黏性，是有利于提高运营效益的一种手段。笔者认为跨境电商的客户关系管理更具有空间感，以产品作为媒介，与客户保持若即若离的沟通，挖掘客户潜在需求，塑造店铺或品牌的形象，赋予店铺活力，才能有助于提高店铺的效益。

客户关系管理的本质是提升客户再次购买次数，围绕以客户为中心，对客户数据进行搜集和分析，融合营销、管理、数据、软件等辅助，主动且有选择地建立客户关系，以营销思想为支撑维护客户。客户关系管理是利润的新生力，也是产品新生的源头。

10.1.2 新老客户的购买流程分析

笔者曾问过很多速卖通大小卖家，他们能对自家店铺的曝光量、访客数、搜索点击率等侃侃而谈，但对自身店铺的老客户占比及购买行为有研究的却不多。下面通过图 10-1 分析新老客户的购买流程。

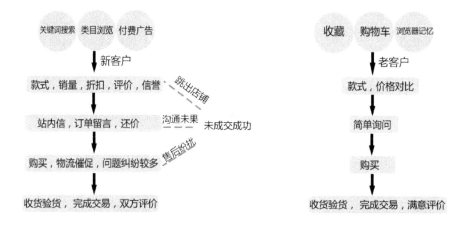

图 10-1　新老客户购物流程对比

在图 10-1 中可以看出，新客户一般是通过关键词搜索、类目浏览或者付费广告进入我们的店铺，入店后对产品的款式、详情细节、评价情况、价格折扣、店铺信誉等进行主观辨别，在这个过程中，如果哪一个不是自己中意的，可能就退出店铺，俗称跳失率。如果有用户感兴趣的产品，则加入购物车或收藏，比较咨询后下单购买，成交之后还将因为服务不到位，诸如物流等因素产生纠纷。

对在店铺中购买次数大于 1 次的客户称为老客户或回头客，老客户会对我们店铺的产品质量和服务有客观的认识，如果有过良好的购物体验，当看到自己感兴趣的产品时，只是简单咨询或者直接拍下付款，他们更关注款式与店内活动。如果发生缺货或者物流等问题，也相对容易解决，收到货之后会对产品更倾向于感性的评价，相应的纠纷提起率极少，而且非常乐意把自己购买的产品和经历分享到社交圈，并希望获得朋友们的认可。

10.1.3　老客户的潜在价值分析

1．降低营销成本，提高利润率

在新老客户的购买流程中可以看出，老客户的购买流程相对新客户要缩短很多。据相关数据表明，开发一个新客户的成本是维护一个老客户的 7～8 倍。一次交易的完成并不意味着结束，若看成和客户再次沟通的开始，挖掘客户及客户圈内的潜在价值，增加老客户的成交次数，就意味着提高店铺的销量，从而增加更多的利润。

2．有效快捷地沟通，辅助优化产品

相对于新客户，老客户的优势是具有明显的信任基础，如果注重加强与客户线上和线下沟通，可以更直接地获取老客户对产品的意见和建议，选择或开发符合客户真正需求的产品，在竞争日益激烈的网络中方可占领高地。

3．借助口碑力量，建立品牌之路

随着速卖通在全球的影响力增强，速卖通正渗透国外终端用户的生活圈，而且国外买家朋友非常喜欢网络社交，经营店铺离不开客户的经营，日常我们对客户社交圈多加关注，则可以有效地增加客户的黏性，分享客户分享的内容，客户也乐意分享你所分享的。那么，每新增一个客户对产品或店铺分享，意味着你的产品将获得更多海外买家的认知，用心经营的卖家可以通过口碑的力量获得廉价的品牌建设渠道。

10.2　客户关系管理的过程

由于速卖通面向全球 224 个国家、上千种语种及文化，跨境电商的客户关系管理相对普通的客户管理更复杂，但基本步骤却是基本一致的。我们首先对客户的信息进行梳理，客户划分分类，建立相应的联系，然后进行营销维护。基本流程如图 10-2 所示。

图 10-2　客户关系管理基本步骤

10.2.1　信息收集

信息收集完善是决定能否做好客户关系管理的第一步，首先需要找到客户信息收集的渠道。在速卖通后台上，我们可以通过订单批量导出所有成交的客户信息，收集的路径如图 10-3 所示。

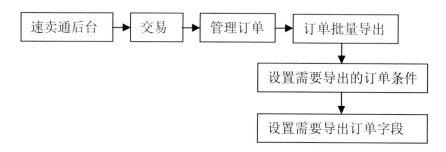

图 10-3　客户信息收集路径

收集客户信息时，需注意的是，订单导出时段只支持 3 个月，若需要 3 个月以上的时间，需分批导出。

订单批量导出后，我们可以利用 Excel 表格工具对客户进行整理，有针对性地筛选出客户信息，如客户 ID、买家邮箱、订单金额、产品信息、收货地址、国家、联系电话、手机等，如图 10-4 所示。

买家名称	买家邮箱	订单金额	产品信息	收货地址	收货国家	联系电话	手机	客户等级

图 10-4　客户信息整理表

图 10-4 中的信息是比较容易看得见且看得懂的，我们可以称为显性信息，如图 10-5 所示，我们可以看到买家的下单时间、成交的金额和产品，以及是手机端购买且

买家级别是 A3。如果打开订单详情，则可以看到他的地理区域、资金详情，这也是可以通过订单导出获得的，如图 10-6 所示。

图 10-5　买家订单信息

订单号	订单状态	负责人(业务员)	买家名称	下单时间	付款时间	产品总金额	物流费用	订单金额	满立减	产品信息（双击单元格展开所有产品信息！）	订单备注	收货地址
68315557438813	等待您发货	LILY	Anna R***	2015.07.21 19.46	2015.07.21 19:47	$17.11	$0.00	$17.11		【1】Boys fashion		1 11Meadowland Drive, Shelly
收货人名称	收货国家	州/省	城市	地址	邮编	联系电话	手机	买家送货物流	发货期限	买家发货物流:运单号	发货时间	确认收货时间
Anna R**	New Zealand	New Zealand	Auckland	1 Meadowland Drive,	2004	null64null	*****	China Post Registere	2015-08-05			

图 10-6　订单导出后获得的信息

如果想对这位客户做再次营销，则需要挖掘更多的信息，可以通过他之前的购买记录或者评价信息等渠道得到更多的信息。买卖双方评价状况、购买的频率、经常购买什么等，重要的是可以判断出是批发客户还是零买客户，是喜欢购买高价产品还是低价产品，通过评价中产品的链接甚至有助于我们选品。如图 10-7 所示，在卖家给买家的评价中可以看出客人经常购买婴儿用品，而且购买的数量和频率都属于小额批发的性质，而对于经营婴儿用品的卖家可以把他作为潜在重点客户去做好维护或营销，这些信息是相对隐秘的，但也是存在的，在客户关系管理中，信息的整理不仅需要对显性的信息进行及时整理，更需要对客户的购物行为做尽可能多的了解和归纳。

图 10-7　客户的信誉评价信息

10.2.2　客户分类

相比国内电商，跨境电商的客户关系管理更具有挑战性，速卖通的客户关系管理目前还存在一定的局限性，但我们还是可以通过相应的方法去维护客户关系，做好相应的分类是非常关键的一个步骤，分类的维度可根据自身店铺的情况做好筛选的条件，处于成长期的卖家，分类的维度相对少一些，例如，成交金额、成交次数等。处于成熟期的卖家可以设立多个维度，若有能力，可设立专业岗位或购买相应的软件，对零散的数据进行统筹分析。值得一提的是，我们需要注意的是分析出来的数据用来做什么，做数据分析需要有结果，同时更需要有目的，基于目的需求所得的数据结果才能直接为我们所用。

1. 客户属性分类方法

与传统贸易相比，每个客户拍下订单都会有他的信息记录，包括拍下的时间点、联系方式、当时购买的产品和价格、发货方式等。通常，按客户的社会属性、行为属性和价值属性对客户分类，把相似的属性归入一类，把自身产品和店铺定位根据客户做调整。

（1）社会属性

社会属性不同的来源主要是因为地理位置，地理位置是跨境电商与国内电商非常明显的区别，不同的国家拥有不同的文化背景和消费需求。订单批量导出后，我们以客户地址为基准，按照国家分类，可以直观地得出自身店铺的主要客户群体在哪里、地区分布情况如何。比如，销量较好的运动鞋，我们会发现来自美国的买家对产品评价非常高，而来自巴西的买家对产品评价并不理想。那么可以究其原因针对该产品进行调整，或是针对巴西买家在葡语页面进行详细介绍。

（2）行为属性

每个买家的消费行为不尽相同，体现出的消费方式也不同。经营过程中，我们发现大部分买家喜欢购买打折商品、免运费等行为习惯，但也有些客户偏向选择高价的同类商品，有选择快递方式的客户，也有容易给中差评或提纠纷的，我们在客户维护过程中需要以不同的方式对待，选择高价的同类商品和选择快递方式的客户注重的是产品质量和服务的体验，这也是广大卖家期望的。那些容易提中差评或纠纷的客户，建议不一定通过加入黑名单的方式保护自己，我们需要了解客户真正的需求点在哪里，以便我们为其他客户提供更愉快的购物体验，当然，对讹诈我们的买家则另当别论。

（3）价值属性

每个客户在速卖通交易过程中，平台有严谨的卖家等级，同时也规范了买家等级，买家等级制度是把买家的购买行为、成交金额，以及评价情况等综合性给每位客户做个标识。2015 年 7 月下旬开始，根据买家在 365 天内所获得的积分划分为 A0 ~ A4 这 5 个等级，如图 10-8 所示。A0 代表新注册的用户，A1 代表积分为 1~100 的买家，A2 代表积分为 100~500 的买家，A3 代表积分为 500~2000 的买家，A4 代表积分大于或等于 2000 的买家。买家可以通过以下三种渠道获得积分。

- 成交的订单每 1 美元得 1 分；
- 主动评价 1 次得 1 分；
- 有成功购买记录的天数，每 1 天得 5 分。

等级 积分	积分<1	1≤积分<100	100≤积分<500	500≤积分<2000	积分≥2000
A0	√				
A1		√			
A2			√		
A3				√	
A4					√

图 10-8　买家积分等级表

需指出的是，买家能获得积分的订单是指成交金额大于 2 美元的非异常订单（如虚假交易，或因纠纷全额退款的订单）。

我们对买家的积分等级有了充分认识后，就能很快给客户打上标签。

2．RFM 模型分类方法

客户分类是为了方便卖家对买家的管理，差异化地对待客户，更有针对性地向客户营销。在众多客户细分的模型中，RFM 模型是在客户关系管理中被广泛运用的，也是非常直观简捷的工具，其主要思想是通过某个客户近期的购买行为、购买频率和消费金额三个指标来描述客户的价值状态。

R（RECENCY）：最近的一次消费，客户上一次在店铺成交的时间和成交的产品。理论上，客户购买的时间越近，对店铺的记忆程度越高，在这期间，如果卖家能提供相应的引导和服务，买家也很有可能回应，比起成交了 1 年的客户相对容易很多。

F（FREQUENCY）：消费频率，即在单位时间内的消费次数。消费次数越多，说明客户的满意度越高，如果卖家始终保持优质的服务和产品，买家就非常容易产生黏性，对店铺的忠诚度也会越来越高。增加买家的购买次数意味着从竞争对手中夺取市场份额。

M（MONETARY）：消费金额，单位期间内的消费总额与平均消费额的比值。当店铺成长到一定阶段后，有限的资源使得我们无法及时对所有的客户进行维护，店铺 80%的利润往往 20%来自客户，花 80%的精力去维护那 20%的客户也可以获得高效益。

RFM 是关键词的首字母组合。RFM 分段的数值是基于每个店铺的情况设定，卖家可以针对自身店铺产品因地制宜，一般情况下划分为 3 ~ 5 段，R 值可以参考开店的时间、产品本身的特性及运输周期，F 值可参考店铺的客户评价和购买频次，M 值是参考产品单价，图 10-9 把店铺按照 RFM 分成 5 个等级、125（即 5×5×5）个类别。

分　数	R	F	M
5	R≤90 天	F≥5 次	1000USD≤M
4	90 天<R≤180 天	F=4 次	500USD≤M<1000USD
3	180 天<R≤360 天	F=3 次	200USD≤M<500USD
2	360 天<R≤720 天	F=2 次	100USD≤M<200USD
1	720 天以上	F=1 次	M<100USD

图 10-9　RFM 模型分值结构图

根据确定的 RFM 模型框架，我们可以针对每个客户对 RFM 值进行打分，如图 10-10 所示，比如客户 Lily：最近一次消费的时间是 80 天，对应的 R 值得分是 5；消费次数是 1，对应的 F 得分是 1；消费金额是 22，对应的 M 得分是 1，客户 Lily 的 RFM 总得分为 7 分。

客户名称	R 值	F 值	M 值	R 得分值	F 得分值	M 得分值	RFM 总分值
Lily	80	1	22	5	1	1	7
Jack	320	2	734	3	2	4	9
Tom	600	3	280	2	3	3	8
Marry	106	3	586	4	3	4	11
Rose	736	4	102	1	4	2	7

图 10-10　RFM 模型应用示范举例

通过 RFM 我们可以看出，得分值最高的不一定意味着成交金额是最高的，得分最低也并不意味着成交额一定是最低的。所以客户的价值不是单纯的成交金额的高低，RFM 可以充分实现对每个客户的质量和价值进行衡量，筛选出优质的客户，为精细化营销提前做好准备。

3. 客户分类的工具

客户分类是客户管理的前提，善于利用工具可以达到事半功倍的效果，速卖通平台中的客户分组工具及阿里旺旺的分组分群可以为卖家带来很多方便。

（1）客户分组工具

客户分组是为了更好地对客户进行维护和营销，其操作路径如图 10-11 所示。

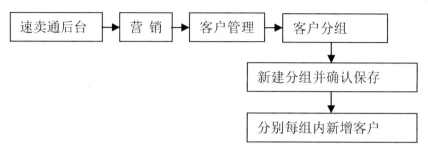

图 10-11　客户分组路径

命名分组：清晰的命名有益于客服日后对客户进行有针对性的维护或营销，以 RFM 模型客户分类方法为例，当我们规定好 RFM 的分值结构时，以每三分为一个区间，示例如图 10-12 所示，单击客户管理后，分别把客户添加到相应的组中。值得提出的是，RFM 模型中的各个数值随着时间和客户交易情况会有所变化，所以有必要定期整理客户。

所有客户	客户分组(6)	黑名单(3)

共有6个客户分组，合计5客户

新建分组

组名	组内客户管理	操作
VIP重点客户	客户管理	
RFM 15'	客户管理	
RFM 12-14'	客户管理	
RFM 9-11'	客户管理	
RFM 6-8'	客户管理	
RFM 3-5'	客户管理	

新建分组

图 10-12　客户分组

（2）旺旺工具

速卖通沟通工具是 Trade Manager（也称旺旺），我们能运用的分类工具有两个：一个是可以把所有的成交客户加入自己的好友后，进行分组管理；另一个是利用旺旺群工具把客户组建在一个群中，如图 10-13 和图 10-14 所示。具体的操作可参考《速卖通宝典》一书。

- ▾ 购买1-2次的 (0/0)
- ▾ 购买1次但金额大的 (0/0)
- ▾ 购买3-5次的 (0/0)
- ▸ 拍下未付款 (0/0)
- ▾ 批发客户 (0/0)
- ▸ 询问过未拍的 (0/2)
- ▸ 意向客户 (1/58)
- ▸ 自我开发的 (5/9)

图 10-13　旺旺分组

图 10-14　旺旺群分组

10.2.3 客户关系的维护

在维护客户的过程中，我们容易走入一个误区，就是不停地给客户发送优惠券，认为维护就是给好处。笔者认为，客户关系维护包含两个层面，即"维"持和呵"护"，维持双方关系不被客户遗忘，呵护双方情感信任，增加客户的忠诚度。其主要思路是在对客户细进行分后，以产品为载体，有的放矢，维系双方关系，促使再次购买。在维护的过程中，加强客户店铺的认知度，提高客户的满意度，呵护双方情感，建立信任，赢得客户的忠诚度，使得客户不易流失。

1. 客户维护工具——网站后台的客户管理与营销

为了帮助速卖通卖家更好地管理自己的买家，识别具有诚信并有购买力的优质买家进行针对性营销，增加销量，速卖通平台改进了买家管理营销工具，该工具包含客户管理和客户营销及营销效果三大功能。（本书重点对已成交的客户进行详细阐述，日常营销运用请参考《速卖通宝典》一书）

（1）客户管理功能

在客户管理页面中可以看到所有的客户、客户分组和黑名单，客户分组工具运用请参考前一章的分类工具，在所有客户页面中能管理所有有过交易的买家信息，包括：买家所在国家、最近一次采购时间、买家的采购次数、累计采购金额、最后评价时间、评价得分、成交均价等信息。如果您需要对客户进行再次补充，可以在备注一栏中添加备注。

除基本的买家信息展示功能外，该产品还支持卖家通过最近一次的订单先后、交易次数多少和累计交易金额大小进行排序，方便卖家通过各种维度识别需要维护的重点买家。比如：一个买家在您这里有过多笔交易，有很高的交易额，但很久没有在您的店铺进行采购，您就应该联系该买家了解其流失的原因，并针对性地改善自己的产品或服务。

（2）客户营销功能

卖家可以选择邮件营销和定向发放优惠券对客户进行维护或营销。为了让买家有更好的购物体验，邮件营销的次数根据卖家的服务等级有相应的次数限制，所以后台中的邮件营销需要我们每次有计划地策划邮件内容。

具体操作如下。

① 选择好邮件营销选项后单击发送营销邮件，如图 10-15 所示。

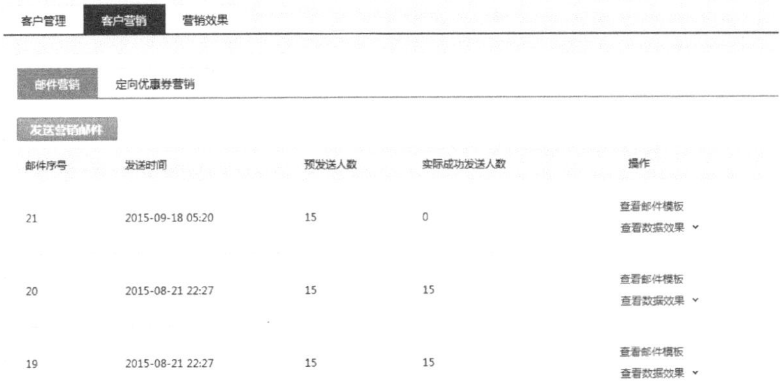

图 10-15　客户营销邮件营销选择

② 添加客户，如图 10-16 所示，然后选择需要营销的对象，如图 10-17 所示。

图 10-16　添加客户界面

③ 填写标题和邮件内容，当客户收到您的营销邮件后，第一时间看到的是邮件的标题，所以我们需要制作非常有吸引力的标题才能引起客户查看详情的欲望；邮件内容可以适当地对自己的营销活动做一个简单介绍，示例如图 10-18 所示，最后呈现

的效果如图 10-19 所示。

图 10-17　根据客户分组选择客户

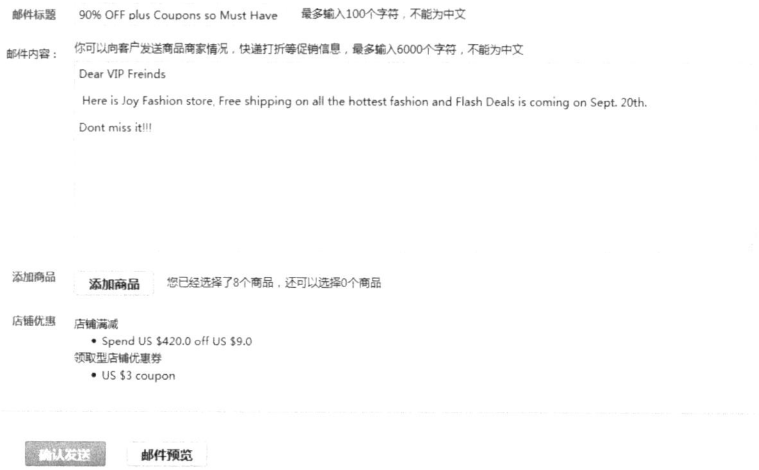

图 10-18　邮件营销标题和内容制作示范

图 10-19　邮件营销内容呈现

2．营销邮件发送规则

　　为了控制买家接收的邮件频率，提高买家的感受，本产品对卖家发邮件的量级有一定的控制。我们会根据卖家的"卖家服务等级"，每个月给予一定的营销邮件发送量，如图 10-20 所示。卖家等级越高，拥有的邮件数越多。

您当前的卖家等级	每月可发邮件数
不及格	0 封
及格	500 封
良好	1000 封
优秀	2000 封

图 10-20　营销邮件发送规则

3. 客户维护技巧

卖家看到有客户下单的时候通常会欣喜万分，并耐心地催付，认真地备货和发货。当交易完成时，就感觉如释重负了。而笔者认为每次的交易完成并不意味着沟通的结束，而是下次交易的开始。客户的满意度来自每次交易，每次交易也可能改变客户的满意度，持续的满意度积累能够增加客户对店铺的信赖，有一次不好的体验足以让之前的满意功亏一篑。如何使新客户变成老客户，老客户变成重要客户呢？笔者认为，我们需要从客户拍下订单开始就给客户留下美好的印象，具体做法如下。

1）成交致谢。客户的成交是对卖家信任的开始，一封简单的感谢模板是买家对信任的呵护。（参照成交致谢模板）

2）赠送礼品。礼品可以是邮票、挂件、贺卡、剪纸等重量比较轻的东西。当客户收到货时，让客户体验到卖家是有心的，能迅速提升买家对卖家的好感。

3）发货通知。每笔订单发货后，需及时做好发货通知（参照发货通知模板），关注包裹状态，如果遇到航线拥堵，应及时帮助客户延长收货日期。

4）节假日问候。关注客户所在国家的节假日情况，有针对性地发送问候。

5）在客人还没有收到货物之前，加深客户对我们的印象，同时奠定感情基础，如果因不可抗力的因素而引起包裹丢失，通常能取得客户的理解。

以上都是客人在未收到货之前我们所能做的维护，让客户感受到买家的服务态度，降低纠纷率和中差评率。当客户到货之后的维护也可以很丰富，越丰富的维护，给店铺带来的效益越明显。

6）好评奖励。当客户确认收货时，对产品有了真实的感受，对前期的服务也印象深刻，买家是非常乐意对自己的购物体验做出满意评价的。卖家可以给买家发放优惠券、满立减、特别折扣等表示感谢与奖励，将会立刻刺激客户的再次消费。

7）分享有礼是对好评奖励的延伸。卖家在做分享有礼时，建议加入客户的社交圈，获得更深层次的交流互动。

8）上新通知。通过客户历史营销工具通知客户，或者站内信、EDM 营销（详见附录 A "EDM 营销"），以及发放优惠券或特有的折扣力度，快速实现新品破冰。

9）客户专享日。前面的几个点是很多卖家经常能关注到的，如果一味地进行商品打折或上新通知，买家容易疲劳，可能反而弄巧成拙。我们把在完成一次交易后，分几个时间节点，设定客户专享日注入情感关怀，会更容易被客户所接受。比如，在一次交易完成的一个月内，客户对自己购买的产品还能有清晰的记忆，也可以说是"蜜月期"，在此期间，作为商家应该献上蜜月之礼，例如：I am glad to find you were so satisfied with our goods, and give us 5 stars, now you are the VIP customer in our store! Our team here is very exciting, it would be a great power to keep us moving on.之后，我们可以通过满月之礼、百日之礼等，再尝试感情沟通，例如，Dear VIP and Friend, Today is the 100th day since you bought the goods in our store. We have send @ US$2 coupon to you, enjoy shopping, my friend!对买家而言，卖家能记得他何时购买过，会引起他对卖家店铺的再次关注，且时间越长越有意义。

10）关联推荐。卖家根据买家购买的商品，推荐相似产品。关联产品推荐包括横向和纵向推荐，比如买家买了一套假发，推荐假发专用的一把梳子，这是纵向的推荐，如果买家买了一套直发假发，然后推荐卷曲的假发，这是横向推荐。

11）促销通知。如果店铺需要做一次年中大促，提前两天将活动告知老客户，将可能实现产品销量的大幅提升。

4．客户维护频率

笔者在对客户整理的过程中发现有一部分买家是很早使用速卖通的，但是成交过几次之后就再也没有购买过，出于好奇，我们对这些客户进行沟通，得知他们已经不使用那个邮箱了，因为每天收到几十封来自速卖通卖家的邮件，给他们造成严重的困扰。客户维护的目的是加强客户对店铺的记忆，而不是增加讨厌。当我们对客户进行维护时，需要注意维护的内容，同时要注意维护的频率，不要急功近利，与客户保持绵绵流长的关系。

根据人的记忆周期规律，我们抓住 1、2、4、7、15 这些时间节点，结合与客户接触的事件进行维护。比如，当客户拍下订单后，我们在第一天发出致谢和关联产品推荐，第二天告知货物状态及定向优惠券，第四天告知货物照片及店铺活动，第 7 天告知物流状态及优惠券使用提醒，第 15 天更新物流状态及节假日问候。

10.2.4　客户关系管理的经营策略

如果一个店铺充分做到了本书前面所讲的客户维护，那么客服的工作是非常繁重的，而这个繁重不是说整天处理纠纷或者物流情况，而是有序疏导客户的关系，经营店铺的潜在力量，这股潜在力量也正是店铺的利润爆发点。

1. 围绕平台规则开展的店铺经营策略

笔者在授课时经常会被问到如何提高转化，如何把新品推出去，如何提高自己的卖家服务等级，相信这也是广大卖家心中的疑惑。我们在经营店铺的过程中，不仅需要重视客户的需求，更需要熟练运用所经营的平台规则。通过研究速卖通规则可以发现产品排名或成交都是围绕客户在整个交易前后的体验来决定的。产品的发布到成交之前是围绕客户的喜好度，拥有比其他同类产品更高的点击和点击率，那么将获得更高的曝光，收藏和加入购物车的数量越大，意味着成交的机会越大；成交之后则反映的是客户的满意度，如果产品获得客户很高的评价或者很少的问题反馈，自然也会影响其他客户的购买，当然，平台也乐意把更优质的产品呈现给更多的买家。图 10-21就是以通过老客户把新品做上去，从而提升卖家的服务等级。

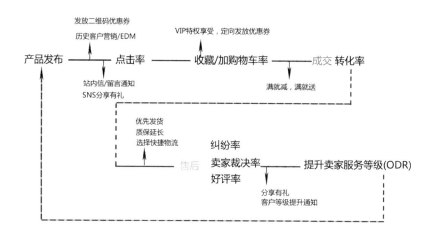

图 10-21　围绕规则的经营策略

2. 围绕客户生命周期开展营销策略

跨境电商中买家与卖家之间的关系和普通的关系有一定区别，普通的关系可能经历从关系形成、关系发展、关系稳定、关系破裂、关系恢复，或关系结束的过程，其中关系的形成到稳定经历的时间相对较长，而速卖通中是从交易的开始意味着卖家与买家之间关系的建立，而这种关系容易随着时间推移而慢慢淡化。简单地说，从交易开始，就进入了活跃期，随之是沉默期、睡眠期、流失期、消亡期，如图 10-22 所示。

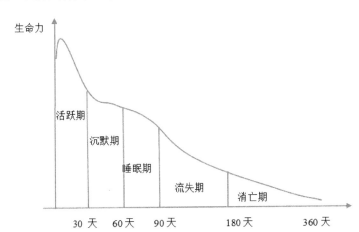

图 10-22　客户与卖家关系的生命周期

我们结合客户维护的方法，以礼品类的客户生命周期做营销规划，如图 10-23 所示。

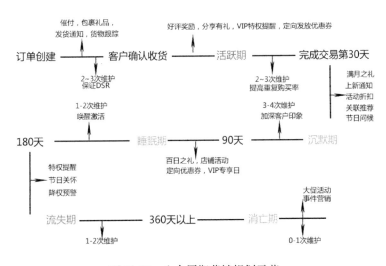

图 10-23　生命周期营销规划示范

3．构建客户的忠诚度维护策略

我们都想让每个客户进行再次购买，让多次购买的客户买得更多，可是客户为什么要向你买呢，为什么还要在你的店铺长期购买呢？这不仅与产品的专业性、客服努力程度相关，还要与客户形成互动，增强与客户之间的黏性，当客户下次有需求的时候，第一个想起的便是你，这就是构建客户的忠诚度。好比男女朋友谈恋爱，男生想追求女生，需要从打动女生的芳心获得女生的好感开始，如果女生喜欢浪漫，应该多点制造浪漫的机会，一束花或是烛光晚餐都会给自己加分，比起苍白地表达我有多喜欢你更有利。构建客户的忠诚度也需要打动客户的芳心，获得好感，才能进一步加强与客户间的黏性。具体可以从以下三方面入手。

1）加强互动性沟通，沟通方式与客户保持一致，这好比为客户提供上门服务。初始阶段，我们与买家一般通过站内信、订单留言和旺旺建立联系，当普通客户成长为重点客户时，我们需要与客户保持及时畅通的联系，势必运用邮件、短信、电话或其他辅助软件（如 Skype、what's App、vk、Facebook、Twitter）等一切工具保证与客户之间进行及时沟通。

2）重视客户反馈，经营店铺时，关注评价主要是因为中差评会影响产品的质量得分和卖家服务等级，从而影响产品的排名和销量，中差评产生后，与客户协商更改中差评也会倍感吃力。由于各种因素，我们往往很难让客户有 100%满意，但是我们一定要重视重点客户的反馈。当客户收到货后，我们积极主动地征求意见或意见的反馈，比如包装是否变形，产品设计是否有缺陷，客户的客户是否满意等，收集这些信息也是为了让客户有更好的购物体验。

3）预测客户需求。平常我们需要对客户的风俗习惯、地理概况、气候状况等耳熟能详，根据客户的隐性信息获取他经常购买的产品类别和购买能力，通过日常沟通了解客户的销售渠道、销售对象，以及当前的流行趋势和元素，主动提供定制或相匹配的产品营销及精细化的服务，以提升客户的忠诚度。

10.3　总结

试想一下，在没有任何流量的情况下，店铺如何才能持续成交？此时也只有老客户才能为店铺做出贡献，所以客户关系管理需要日常积累和坚持。它是一个系统工程，方法的正确使用是保证客户营销效果的法宝。通过本章的学习，希望大家能学以致用，赢得源源不断的订单。

附录 A

EDM 营销

EDM 营销即 E-mail Direct Marketing 的英文缩写，也称电子邮件营销。当后台中邮件营销满足不了我们的需求，或者想发送一份更精美的邮件给客户时，EDM 邮件就是很好的一个途径。EDM 营销好比你想给远方的朋友写一封信请他来参加你的婚礼，后来婚礼策划公司做成了一封精美的婚礼电子邀请函，上面不仅有婚礼日期和地点，还有你和新娘的甜蜜婚纱照以及热情的视频邀请。这让朋友们能在第一时间收到你的婚礼邀请函，而且给人印象深刻，这两点正是发送邀请函的你所期待的。

A1. EDM 营销的特征

EDM 营销的特征如下：

- 可插入文本、图片、动画、音频、视频、超级链接等；
- 操作简单、效率高，鼠标一点，即可安全到达对方邮箱内；
- 个性化设计，可根据不同的客户设计不同的内容；
- 成本低廉，基本的支出费用就是一台电脑和网络费用，而且效果也很显著，能以最低廉的成本获取好的回报；
- 邮件营销效率高，不受卖家服务等级的限制，可在几分钟内完成对上万个客户的营销。

A2. EDM 营销设计

在 EDM 营销设计中，一个好的标题能让我们的邮件在客户的邮箱中唤起他点击查看的欲望，不会使我们的邮件还未展现就夭折。一个好的标题需要包括邮件内容主题、与收件人的联系和利益关系，如图 A-1 所示。

		Heathrow Airport	Welcome to Heathrow Wi-Fi - let us help you explore - You're in the perfect place to shop.
		SEO Spyglass	JUDY, see how you can get 20% more web success for nothing - [SEO-SpyGlass.Com] -
		帆软中国	FineReport V8.0功能更新，在线培训邀请(AD) - 如果此邮件无法正常显示，请点击网页版本| 退订| 用户中

图 A-1　EDM 营销标题设计

A3.　EDM 邮件内容

1.　内容系统性

笔者在对自己的邮箱进行整理时发现，大部分是广告，内容也不是我感兴趣的，恨不得立马删掉，以后再也不要收到类似的邮件。试想一下，如果客户打开来自卖家的邮件时，都是千篇一律的推销广告，估计会和我有一样的想法。所以，我们在给客户发送 EDM 邮件之前，需做好系统的规划整理，做正确的事，也要正确地做事。例如，我要做年终大促，需要迅速提升销量，占领产品搜索首页页面，那么首先要找对目标，其次是系统地发送邮件。信息经整理后，店铺有很多买家在去年的年终大促中购买了一次，后来却再也没有购买过，那么我们可以针对他们设计邮件。如第一封邮件可以设计大促时间告知，最低折扣多少；第二封邮件可以是大促前预热活动和他提前购买的好处提醒；第三封邮件可以是店铺热销产品的活动力度及活动进展情况，围绕一个话题展开，达到 EDM 营销的预期点击。

2.　内容精简性

虽然一封邮件可以插入图片、视频等，但插入的东西越多，邮件内容的体积会越大，过大的邮件是不会受欢迎的。首先，邮箱的存储空间有限，字数太多会被阻挡在客户邮箱系统外；其次，由于网络问题，接收/打开较大的邮件耗费时间也越多；第三，太多的信息量让读者很难一下接受，反而降低了 E-mail 营销的有效性。建议一份邮件的大小不要超过 1MB，如果需要添加更多的内容，可以通过链接方式进入专页浏览。

3.　内容灵活性

前面已经介绍，建立邮件营销的目的主要体现在顾客关系和顾客服务、产品促销、市场调研等方面，但具体到某一个企业、某一个网站，可能所希望的侧重点有所不同，在不同的经营阶段，邮件营销的作用也会有差别，邮件营销的内容也会随着时间的推移而发生变化。因此，邮件营销的内容策略也不算是一成不变的，在保证整体系统性的情况下，应根据阶段营销目标而进行相应的调整，这也是邮件内容目标一致性的要求。邮件的内容毕竟要比印刷杂志灵活得多，栏目结构的调整也比较简单。

4.　最佳邮件格式

常用的邮件格式包括纯文本格式、HTML 格式（推荐），或者是这两种格式的组合。一般来说，HTML 格式的电子邮件比纯文本格式具有更好的视觉效果，一封漂亮的邮件要图文并茂，才能让人有继续看下去的欲望。最佳邮件格式参考图如图 A-2、图 A-3 所示。

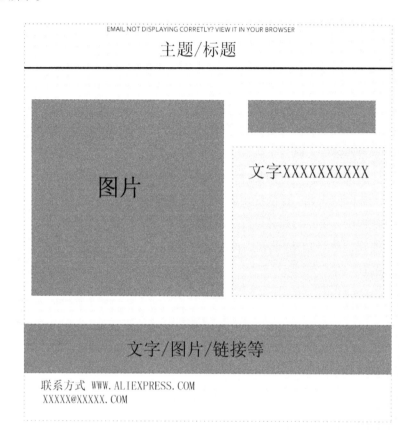

图 A-2　邮件格式内容设计参考一

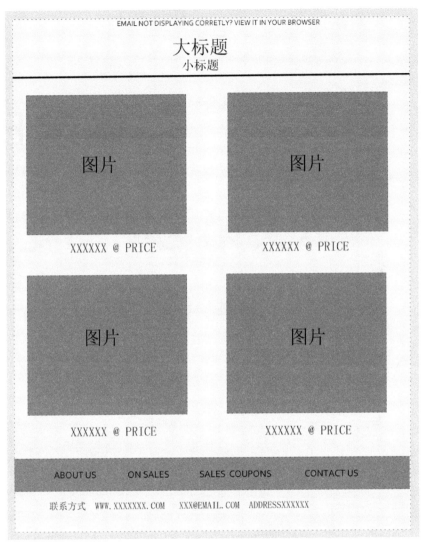

图 A-3　邮件格式内容设计参考二

附录 B

人类记忆周期规律

（来源于百度）

德国心理学家艾宾浩斯（H.Ebbinghaus）研究发现，遗忘在学习之后就会立即开始，而且遗忘的进程并不是均匀的。最初遗忘的速度很快，以后逐渐缓慢。他认为"保持和遗忘是时间的函数"，他用无意义的音节（由若干音节字母组成、能够读出但无内容意义，"即不是词的音节）作为记忆材料，用节省法计算保持和遗忘的数量，如图 B-1 所示，并根据他的实验结果绘成描述遗忘进程的曲线，即著名的艾宾浩斯记忆遗忘曲线，如图 B-2 所示。

时间间隔	记忆量
刚记完	100%
20 分钟后	58.2%
1 小时后	44.2%
8~9 小时后	35.8%
1 天后	33.7%
2 天后	27.8%
6 天后	25.4%

图 B-1　人类记忆周期规律

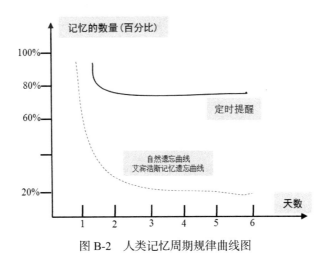

图 B-2　人类记忆周期规律曲线图

在图 B-2 中，设初次记忆后经过了 x 小时，那么记忆率 y 近似地满足 $y=1-0.56x^{0.06}$。

这条曲线告诉人们：在学习中的遗忘是有规律的，遗忘的进程很快，并且是先快后慢。观察曲线发现，学得的知识在一天后如不抓紧复习，就只剩下原来的 20% 左右。随着时间的推移，遗忘的速度减慢，遗忘的数量也就减少。

电子工业出版社优秀跨境电商图书